2014 职（执）业资格考试辅导丛书

公路工程监理工程师考试辅导用书

Jianli Lilun Moni Lianxi yu Tijie

《监理理论》模拟练习与题解

李治平　主编

人民交通出版社股份有限公司

内 容 提 要

本书为公路工程监理工程师考试辅导用书之一，分为专项训练和模拟试卷两部分，试题严格按照考试大纲要求的各知识点，结合历年考试真题编写，每道题均配有参考答案和详细的解析。

本书可供参加公路工程监理工程师过渡考试的人员复习参考。

图书在版编目（CIP）数据

《监理理论》模拟练习与题解 / 李治平主编. — 北京：人民交通出版社股份有限公司，2014. 8

公路工程监理工程师考试辅导用书

ISBN 978-7-114-11624-7

Ⅰ. ①监… Ⅱ. ①李… Ⅲ. ①道路工程 – 监理工作 – 资格考试 – 题解 Ⅳ. ①U415. 1-44

中国版本图书馆 CIP 数据核字（2014）第 182278 号

公路工程监理工程师考试辅导用书

书　　名：**《监理理论》模拟练习与题解**

著 作 者：李治平

责任编辑：刘永超　黎小东

出版发行：人民交通出版社股份有限公司

地　　址：（100011）北京市朝阳区安定门外外馆斜街 3 号

网　　址：http：//www. ccpress. com. cn

销售电话：（010）59757973

总 经 销：人民交通出版社股份有限公司发行部

经　　销：各地新华书店

印　　刷：大厂回族自治县正兴印务有限公司

开　　本：787 × 1092　1/16

印　　张：12. 75

字　　数：286 千

版　　次：2014 年 8 月　第 1 版

印　　次：2019 年 6 月　第 2 次印刷

书　　号：ISBN 978-7-114-11624-7

定　　价：30. 00 元

前 言

为了规范公路工程监理工程师管理，提高公路工程监理队伍的整体素质，交通运输部（原交通部）自2004年开始组织实施公路工程监理工程师考试。

为满足广大考生复习备考的需要，我们依据交通运输部颁布的《交通运输部公路水运工程监理工程师过渡考试大纲》（以下简称考试大纲）和《公路工程监理培训用书》（以下简称培训用书），参考近几年的考试真题中各知识点的分值分布情况，结合主编的教学及培训工作经验，编写了《＜监理理论＞模拟练习与题解》这本考试辅导用书。本书紧扣考试大纲各考点，编制了有针对性的模拟练习题，通过各考点的专项习题训练，使考生能够对各考点相关内容加深记忆和理解，达到“以练促学”的目的。同时，本书针对每道题都编制了较为详细的试题解析，内容依据培训用书和公路工程监理相关标准规范及法规文件，力求涵盖全部考试内容，考生可结合试题解析对易错点和重点、难点内容进行更加有针对性的复习。

本书由长安大学李治平主编。由于编者水平有限，加之时间较为仓促，本书在编写过程中虽经数次推敲核证，但难免有疏漏或不妥之处，恳请广大读者批评指正，以便我们修订再版时完善，如有问题或有建议，请与主编联系（手机18191329366或18591880967；Email：lizp1962@126.com）。

最后真诚祝愿使用本书的各位考生能顺利通过考试！

编　者

2014年8月

目　录

第一部分　专项练习题

考点 1　基本知识 …… 3
考点 2　监理工程师与监理单位 …… 9
考点 3　工程监理组织 …… 13
考点 4　风险管理及目标控制 …… 17
考点 5　施工准备阶段监理 …… 20
考点 6　工程质量监理 …… 23
考点 7　施工安全监理 …… 29
考点 8　施工环境保护监理 …… 34
考点 9　工程进度监理 …… 37
考点 10　工程费用监理 …… 45
考点 11　交工验收与缺陷责任期监理 …… 52
考点 12　工地会议与组织协调 …… 54
考点 13　监理文件与资料 …… 56
考点 14　公路机电工程监理的特殊要求 …… 58
考点 15　施工监理招标投标 …… 60

第二部分　专项练习题参考答案及解析

考点 1　基本知识 …… 69
考点 2　监理工程师与监理单位 …… 76
考点 3　工程监理组织 …… 81
考点 4　风险管理及目标控制 …… 85
考点 5　施工准备阶段监理 …… 89
考点 6　工程质量监理 …… 92
考点 7　施工安全监理 …… 101
考点 8　施工环境保护监理 …… 108
考点 9　工程进度监理 …… 112

考点 10　工程费用监理 …… 121
考点 11　交工验收与缺陷责任期监理 …… 129
考点 12　工地会议与组织协调 …… 133
考点 13　监理文件与资料 …… 136
考点 14　公路机电工程监理的特殊要求 …… 139
考点 15　施工监理招标投标 …… 141

第三部分　模 拟 试 卷

模拟试卷一 …… 151
模拟试卷二 …… 158
模拟试卷三 …… 164

第四部分　模拟试卷参考答案及解析

模拟试卷一 …… 173
模拟试卷二 …… 182
模拟试卷三 …… 189

第一部分　专项练习题

考点1　基 本 知 识

一、单项选择题

1. 项目的（　　）是决定一个项目成功与失败的关键特性。

A. 一次性　　B. 目标性

C. 制约性　　D. 独特性

2. 项目的（　　）是最重要和最需要项目管理者注意的特性。

A. 时限性　　B. 目标性

C. 制约性　　D. 独特性

3. 公路工程监理实施的前提条件是（　　）。

A. 需要得到交通运输主管部门的批准

B. 监理单位应公正地履行监理职责

C. 需要建设单位的委托和授权

D. 监理单位必须具有相应的监理资质

4. 下列有关现阶段工程监理特点的表述中，错误的是（　　）。

A. 工程监理的服务对象具有单一性

B. 工程监理属于强制推行的制度

C. 工程监理具有监督功能

D. 工程监理实行单一市场准入制

5. （　　）是监理工程师开展监理工作最重要的手段，它确保监理工程师在工程建设项目管理中处于核心地位。

A. 工程质量的否决权　　B. 安全生产的监督权

C. 组织协调与合同管理的主持权　　D. 计量与支付的签认权

6. 把对工程的（　　）交给监理工程师，是执行好监理制度的关键。

A. 停工与返工的指令权

B. 技术与施工组织的审核权

C. 施工人员与施工机械的审查权

D. 工程费用支付的确认权与否决权

7. 在当前我国工程建设项目管理体制的基本格局中，（　　）处于核心地位。

A. 国家宏观调控　　B. 工程监理制

C. 项目法人责任制　　D. 合同管理制

8. 按照有关规定，公路基本建设程序中的第一个阶段是（　　）。

A. 工程可行性研究阶段　　B. 工程设计阶段

C. 编制项目建议书阶段
D. 施工准备阶段

9. 根据有关规定，（　　）被批准后，即可组建项目法人筹备机构。

A. 初步设计文件
B. 工程可行性研究报告
C. 施工图设计文件
D. 项目建议书

10. 在实施工程监理的过程中，监理单位与施工单位之间的监理与被监理的关系是由（　　）确定的。

A. 监理合同
B. 施工合同
C. 设计合同
D. 监理与施工单位工作合同

11. 公路工程质量保证体系是（　　）。

A. 政府监督、法人管理、社会监理、企业自检
B. 政府监督、行业自律、社会监理、企业自检
C. 行业自律、法人管理、社会监理、企业自检
D. 舆论监督、法人管理、社会监理、企业自检

12. 社会监理的（　　）是监理单位区别于其他一般服务性组织的重要特征，也是其赖以生存的重要条件。

A. 委托性
B. 科学性
C. 公正性
D. 执法性

13. 全面质量管理的工作方法是（　　）。

A. 运用数理统计方法，分析问题，改进质量
B. 全员管理
C. PDCA 循环
D. 建立质量保证体系

14. 在全面质量管理的 PDCA 循环中，推动循环转动的关键是（　　）。

A. P 阶段
B. D 阶段
C. C 阶段
D. A 阶段

15. 单项工程与单位工程最主要的不同点是（　　）。

A. 路段长度不同
B. 结构部位不同
C. 是否具有独立的设计文件
D. 建成后能否独立发挥生产能力和效益

16. （　　）是指在建设项目中，根据签订的合同，具有独立施工条件的工程。

A. 合同段工程
B. 分项工程
C. 分部工程
D. 单位工程

17. 公路工程施工监理可划分为施工准备、施工、交工验收与缺陷责任期三个阶段。其中，施工阶段监理的期限是（　　）。

A. 工程开工令签发之日至工程交工验收申请之日

B. 工程开工之日至工程交工验收申请受理之日

C. 工程开工之日至工程交工验收证书签发之日

D. 工程开工令签发之日至工程交工验收开始之日

18. 对于公路工程施工监理而言，监理单位的监理工作开始的标志是（　　）。

A. 施工合同的签订

B. 施工监理合同的签订

C. 合同工程开工令的下达

D. 第一次工地会议的召开

二、多项选择题

1. 项目管理的主要特征包括（　　）。

A. 目标明确

B. 项目经理负责制

C. 充分的授权保证系统

D. 具有委托性

E. 具有全面的项目管理职能

2. 建设项目管理的特征包括（　　）等。

A. 目标明确

B. 系统管理

C. 项目管理工程师负责制

D. 应用现代化的管理方法和技术手段

E. 在管理过程中实施动态控制

3. 下列有关工程监理的表述中，正确的有（　　）。

A. 工程监理的行为主体是施工单位

B. 建设单位和监理单位是委托合同关系

C. 建设单位和施工单位是施工合同关系

D. 监理单位和施工单位没有关系

E. 工程监理是一种专业化的技术服务

4. 在公路工程项目的目标管理中，必须优先予以保证的是（　　）。

A. 安全可靠　　B. 工程进度

C. 使用功能　　D. 施工质量

E. 工程费用

5. 实行工程监理制度的必要性主要包括（　　）。

A. 是工程建设管理体制改革的需要

B. 是提高工程建设项目管理水平的需要

C. 是减少建设单位管理职能的需要

D. 是降低施工单位管理工作强度的需要

E. 有利于我国建设领域中介服务业的发展

6. 当前我国工程建设项目管理体制的基本格局是以（　　）为服务体系。

A. 工程监理制

B. 合同管理制

C. 招标投标制

D. 项目法人责任制

E. 政府宏观监督调控

7. 公路基本建设项目根据实际情况可采用的设计方式包括（　　）。

A. 一阶段设计

B. 两阶段设计

C. 三阶段设计

D. 综合设计

E. 分项设计

8. 公路工程项目后评价的主要内容包括（　　）。

A. 影响评价

B. 社会效益评价

C. 经济效益评价

D. 过程评价

E. 持续运营评价

9. 根据监理的工作性质与要求，监理工程师的知识结构应包括（　　）等方面。

A. 经济　　B. 技术

C. 协调　　D. 管理

E. 法律

10. 政府对工程质量监督的性质包括（　　）。

A. 强制性　　B. 执法性

C. 服务性　　D. 宏观性

E. 委托性

11. 下列各备选项中，符合全面质量管理基本点的有（　　）。

A. 质量管理应以预防为主

B. 应进行合理的分包

C. 下道工序是用户

D. 产品的质量就是其使用价值

E. 应通过工作质量来保证工程质量

12. 公路建设项目按其实物形态，可划分为（　　）等不同的工程单元。

A. 单项工程　　B. 单位工程
C. 分部工程　　D. 分项工程
E. 分层工程

13. 分项工程一般是按分部工程中（　　）划分的。

A. 施工方法　　B. 材料
C. 工序　　D. 路段长度
E. 结构部位

14. 根据《公路工程施工监理规范》（2006 年版）的规定，公路工程施工监理包括（　　）等阶段的监理。

A. 施工准备阶段
B. 施工阶段
C. 维护保养期阶段
D. 试运行阶段
E. 交工验收与缺陷责任期阶段

三、判断题

1. 工程项目管理是以工程项目目标控制为核心的管理活动。（　　）
2. 工程项目的单件性和管理过程的一次性都为项目管理带来较大的风险。（　　）
3. 按照有关规定，现阶段监理单位只接受建设单位的委托，只为建设单位提供专业化的技术服务。（　　）
4. 把对工程质量的确认权与否决权赋予给监理工程师，是执行好监理制度的关键。（　　）
5. 实行工程监理制是推行工程建设管理体制改革的关键。（　　）
6. 项目建议书被批准后，即可正式组建项目法人。（　　）
7. 施工单位应按施工监理合同的约定接受监理单位的监督和管理。（　　）
8. 监理工程师只有掌握经济、技术、管理和法律等方面的理论知识，就能科学正确地解决施工过程中出现的各种问题。（　　）
9. 监理单位受建设单位委托和授权，代表建设单位实施项目管理。因此，当建设单位与施工单位发生利益冲突时，监理工程师应尽力维护建设单位的利益。（　　）
10. 评价监理单位为建设单位所提供的监理服务质量的高低，最终要看工程质量的好坏。（　　）
11. 工程质量的好坏是由人的工作质量决定的。只要管好人的工作质量，工程质量就一定有保证。（　　）
12. 单位工程具有独立设计文件、可以独立组织施工并可单独作为成本计算对象的部分。单位工程完工后能够独立发挥生产能力和效益。（　　）

13. 合同工程开工令确定的开工之日，标志着施工准备阶段监理工作的结束和施工阶段监理工作的开始。（　）

四、综合分析题

1. 简述公路工程质量保证体系。

2. 简述公路工程施工单位建立完善质量自检体系的工作内容。

3. 试根据《公路工程施工监理规范》（2006 年版）的规定，回答以下问题：

（1）简要说明公路工程施工监理阶段是如何划分的。

（2）简述施工准备阶段监理准备工作和监理工作的主要内容。

（3）简要说明交工验收与缺陷责任期监理工作的主要内容。

考点 2　监理工程师与监理单位

一、单项选择题

1. 公路工程监理单位应当按照其获得的资质等级和业务范围开展监理业务。高速公路路基工程及一级公路属于（　　）公路工程。

A. 一类　　B. 二类

C. 三类　　D. 四类

2. 工程监理单位超越本单位资质等级承揽工程监理业务的，可能受到的处罚不包括（　　）。

A. 责令停止违法行为，并处监理合同约定的监理酬金 1 倍以上 2 倍以下的罚款

B. 可以责令停业整顿，降低资质等级

C. 情节严重的，吊销资质证书；有违法所得的，予以没收

D. 处监理合同约定的监理酬金 25% 以上 50% 以下的罚款

3. 《建设工程质量管理条例》规定：监理工程师因过错造成重大质量事故的，吊销执业资格证书，（　　）年以内不予注册；情节特别恶劣的，终身不予注册。

A. 5　　B. 3

C. 1　　D. 7

4. 专业监理工程师应具有相应专业的中级或高级技术职称、取得交通运输部专业监理工程师资格证书，同类工程（　　）年以上监理经历。

A. 1　　B. 5

C. 7　　D. 3

5. 工程监理单位经营活动的基本准则是（　　）。

A. 公开、公平、公正、诚实信用

B. 严格监理、优质服务、公正科学、廉洁自律

C. 守法、诚信、公正、科学

D. 严格、严密、科学、公正

6. 下列行为要求中，既属于监理工程师职业道德，又属于监理工程师义务的是（　　）。

A. 不收受被监理单位的任何礼金

B. 不得以个人名义承揽监理业务

C. 不泄露与监理工程有关的需要保密的事项

D. 保证执业活动成果的质量，并承担相应责任

7. 当施工中有工程分包时，监理工程师应按（　　）对工程分包进行审查，并报业主

批准。

A. 合同规定　　B. 上级指令

C. 承包人要求　　D. 业主指令

二、多项选择题

1. 根据我国现行法律的规定，工程监理企业的组织形式主要有（　　）等。

A. 公司制监理企业

B. 个人独资监理企业

C. 合伙制监理企业

D. 股份制监理企业

E. 中外合资经营监理企业

2. 根据公路工程分级标准，属于二类桥梁工程的是（　　）。

A. 特大桥　　B. 大桥

C. 中桥　　D. 小桥

E. 涵洞

3. 根据公路工程分级标准，不属于二类隧道工程的是（　　）。

A. 特长隧道

B. 长隧道

C. 中隧道

D. 短隧道

E. 大于 3 000m 的独立特长隧道项目

4. 按照《建设工程质量管理条例》的规定，如果工程监理单位转让监理业务，根据违规情节不同，可能受到的处罚包括（　　）。

A. 责令改正，没收违法所得

B. 可以责令停业整顿，降低资质等级

C. 情节严重的，吊销资质证书

D. 处合同约定的监理酬金 1 倍以上 2 倍以下的罚款

E. 处合同约定的监理酬金 25% 以上 50% 以下的罚款

5. 监理工程师应具备的素质包括（　　）。

A. 具有较高的理论水平和专业技术水平

B. 具有较高的专业学历和高级技术职称

C. 具有丰富的工程建设实践经验

D. 具有高尚的职业道德和良好的敬业精神

E. 具有较强的组织协调能力和良好的合作精神

6. 监理工程师应承担的法律责任主要是由（　　）所导致的。

A. 违法行为　　B. 违规行为
C. 违约行为　　D. 违纪行为
E. 违背职业道德的行为

7. 作为从事公路工程施工监理工作的监理工程师，其资格包括（　　）两个方面。
A. 技术职称资格　　B. 监理执业资格
C. 行政职务资格　　D. 监理岗位资格
E. 专业能力资格

8. 按照有关规定，总监理工程师应具备的资格条件包括（　　）。
A. 具有相应专业高级技术职称
B. 五年以上的现场工程监理经历
C. 十年以上的专业工作经历
D. 取得监理工程师资格证书
E. 担任过两项以上同类工程的总监或驻地职务

9. 按照监理工程师职业道德准则的规定，监理工程师不得接受（　　），以保持监理工程师的廉洁性。
A. 业主所支付的监理酬金
B. 业主所支付的监理酬金以外的报酬
C. 施工单位的任何好处
D. 业主所支付的其他间接报酬
E. 业主所支付的任何形式的回扣、提成、津贴

10. 以下各备选项中，属于监理工程师在进度监理方面职责的有（　　）。
A. 审批总体施工进度计划
B. 审批分项工程的施工组织及人员
C. 签发合同工程开工令
D. 监督检查进度计划的执行情况
E. 编制并提交监理月报

三、判断题

1. 经监理工程师执业资格考试合格，持有交通运输部监理工程师执业资格证书，就意味着已取得监理工程师岗位资格。（　　）

2. 监理工程师的法律地位是由国家法律、法规确定的，与监理合同无关。（　　）

3. 监理工程师是一种岗位职务，其资格是一种执业资格。（　　）

4. 监理工程师在从事监理业务活动时所了解和掌握的有关建设单位的商业秘密，应及时通报给施工单位。（　　）

5. 施工单位在建设工程安全生产中处于核心地位，施工单位的负责人依法对本单位的

安全生产工作负责。 （ ）

四、综合分析题

1. 简述监理工程师应具备的基本素质。

2. 监理工程师作为专业人士所具有的法律地位，决定了监理工程师在执业中应享有相应的权利并应履行相应的义务。试从监理工程师法律地位的角度出发，说明监理工程师应享有的权利和应履行的义务。

3. 试分别说明各类监理人员的资格条件。

4. 监理工程师受建设单位的委托，享有合同约定的权力。请说明监理工程师在行使哪些权力前，需要经建设单位事先批准。

考点3　工程监理组织

一、单项选择题

1. 在组织管理的四个层次中，人数最少的是（　　）。
A. 协调层　　B. 决策层
C. 操作层　　D. 执行层
2. 在工程项目承发包的组织模式中，组织协调工作量最大的是（　　）。
A. 平行承发包　　B. 设计或施工总承包
C. 工程项目总承包　　D. 工程项目总承包管理
3. 在工程项目承发包的组织模式中，对质量控制最有利的是（　　）。
A. 工程项目总承包　　B. 设计或施工总承包
C. 平行承发包　　D. 工程项目总承包管理
4. 建立项目监理机构的前提是（　　）。
A. 明确监理目标　　B. 明确监理任务
C. 确定总监理工程师人选　　D. 明确监理工作范围
5. 直线式监理组织形式的缺点是（　　）。
A. 决策迅速　　B. 结构简单
C. 权力集中　　D. 横向联系困难
6. 监理工作所必需的监理设施及设备应由（　　）配备。
A. 建设单位　　B. 监理单位
C. 施工单位　　D. 质监机构
7. 二级监理机构是指（　　）。
A. 交通运输主管部门和工程质量监督站
B. 甲级监理机构和乙级监理机构
C. 监理工程师和专业监理工程师
D. 总监理工程师办公室和驻地监理工程师办公室
8. 监理机构所要配备的监理人员的数量并不取决于（　　）。
A. 工程类别　　B. 工程建设强度
C. 工程复杂程度　　D. 监理单位资质等级

二、多项选择题

1. 组织结构的基本模式有（　　）。

A. 直线式
B. 职能式
C. 直线—职能式
D. 矩阵式
E. 交叉混合式

2. 下列各备选项中，属于工程项目平行承发包模式优点的有（　　）。
A. 有利于缩短工期
B. 有利于减少合同数量
C. 有利于质量控制
D. 有利于选择承建单位
E. 有利于投资控制

3. 下列各备选项中，属于工程项目总承包模式优点的有（　　）。
A. 招标发包工作难度大
B. 投资控制难度大
C. 质量控制难度大
D. 对进度控制不利
E. 业主选择承包商范围小

4. 确定监理机构的组织形式和规模应考虑的主要因素包括（　　）。
A. 监理服务内容与服务期限
B. 工程项目组成与工程规模
C. 监理单位的管理水平与装备水平
D. 技术复杂程度与现场条件
E. 所需监理人员的数量与资格

5. 公路工程施工监理机构的组织模式一般包括（　　）。
A. 矩阵式
B. 直线式
C. 职能式
D. 直线—职能式
E. 直线—矩阵式

6. 下列各备选项中，符合“统一指挥原则”的组织结构模式的有（　　）。
A. 直线式
B. 职能式
C. 直线—职能式
D. 矩阵式
E. 混合式

7. 为满足施工监理工作的需要，监理机构应配备的监理设备与设施主要有（　　）等。
A. 试验检测设备
B. 测量仪器及设备
C. 休闲娱乐设施
D. 交通工具及通信设备
E. 办公和生活设施

8. 监理试验室按不同层次监理分工负责的原则可分为（　　）。
A. 总监办中心试验室
B. 驻地办试验室
C. 工地试验室
D. 项目试验室

E. 专业试验室

9.《公路工程施工监理规范》（2006 年版）规定，现场监理机构一般可视情况分别设置（　　）。

A. 项目监理部

B. 一级监理机构

C. 二级监理机构

D. 三级监理机构

E. 总监代表处

10. 监理机构组织形式和规模的确定应考虑的因素包括（　　）。

A. 监理服务内容与期限

B. 工程项目组成与规模

C. 工程复杂程度

D. 施工阶段的划分

E. 现场条件

11. 项目监理机构所配备的监理人员应具有合理的结构，其具体要求包括（　　）。

A. 合理的专业结构

B. 合理的年龄结构

C. 合理的职业资格结构

D. 合理的技术职称结构

E. 合理的学历层次结构

三、判断题

1. 直线式组织结构的基本特点是组织内部设置职能部门，有利于发挥专业人员的特长，处理专门性问题水平高。（　　）

2. 采用总承包模式的工程项目，建设单位只与总承包单位签订一个合同。因此，合同关系简单，从而使合同管理和组织协调工作的难度减小。（　　）

3. 在工程项目总承包模式下，建设单位可以委托多家监理单位分别对总承包单位和分包单位进行监理。（　　）

4. 职能式组织模式的特点之一是设置指挥系统和职能系统两套系统。（　　）

5. 根据实际情况，建设单位可以将监理试验全部或部分委托给有资质的第三方承担。具体承担形式可由建设单位和监理单位在监理合同中约定。（　　）

6. 一级监理机构就是由甲级监理资质的监理单位组建的监理机构。（　　）

四、综合分析题

1. 某甲级监理公司通过招标投标中标承担了某高速公路的施工监理工作，该工程开工里程为30km，建安费为30亿元，合同工期为3年。在与建设单位签订监理合同后，该监理单位组建了监理机构。

问题：

（1）该工程项目应设置一级还是二级监理机构?

（2）监理机构组织形式和规模的确定应考虑的因素有哪些?

（3）设置项目监理机构的步骤有哪些?

（4）监理机构的组织结构模式有哪几种?

（5）若想建立具有能体现专业化分工特点、人才资源分配方便、有利于发挥人员的专业特长、处理专门性问题水平高的监理组织机构，应选择哪一种组织结构模式?

2. 简要说明如何确定监理机构中监理工程师的数量。

考点4　风险管理及目标控制

一、单项选择题

1. 风险是一种客观存在的、损失的发生具有（　　）的状态。

A. 可预见性　　B. 不可避免性

C. 不确定性　　D. 不可预防性

2. 工程项目风险管理的目标是（　　）。

A. 减少风险因素，从而减少风险事件的发生

B. 降低风险事件发生的概率，从而减少风险损失

C. 制订风险对策，从而有效的控制风险

D. 减少风险的危害程度，使项目目标得到控制和实现

3. 在建设工程的实施过程中，如果提高工程质量标准，一般会导致（　　）。

A. 投资增加，工期缩短

B. 投资增加，工期延长

C. 投资减少，工期缩短

D. 投资减少，工期缩短

4. 目标控制就是按照（　　），对系统各个部分进行跟踪检查，以保证协调地实现总体目标。

A. 质量目标和进度目标

B. 计划目标和组织系统

C. 进度目标和投资目标

D. 管理层次和管理职能

5. 目标的动态控制是一个有限的循环过程，应贯穿于工程项目实施阶段的全过程。动态控制提倡（　　）。

A. 反馈控制　　B. 事中控制

C. 主动控制　　D. 被动控制

6. 工程监理的中心工作是进行项目（　　）。

A. 质量控制　　B. 安全控制

C. 投资控制　　D. 目标控制

二、多项选择题

1. 风险的基本要素主要有（　　）。

A. 风险发生的不确定性

B. 风险存在的客观性

C. 风险的可控性

D. 风险可转移性

E. 风险发生带来的损失

2. 风险管理流程中包含的过程有（　　）。

A. 执行对策　　B. 风险识别

C. 风险转移　　D. 风险自留

E. 风险评价

3. 风险转移是最重要的风险控制对策。工程风险转移的有效途径有（　　）。

A. 工程保险　　B. 工程担保

C. 工程分包　　D. 合同转让

E. 风险自留

4. 在实施工程项目目标控制时，（　　）必须优先予以保证。

A. 安全可靠性　　B. 投资费用

C. 使用功能　　D. 施工质量

E. 工程进度

5. 工程监理目标的控制方法包括（　　）。

A. 主动控制　　B. 被动控制

C. 事先控制　　D. 事后控制

E. 事中控制

6. 动态控制按照控制措施制定的出发点可分为（　　）。

A. 前馈控制　　B. 主动控制

C. 反馈控制　　D. 被动控制

E. 事先控制

7. 从动态控制的观点出发，要实现最优化控制，必须首先满足两个条件，它们是(　　)。

A. 合格的控制主体

B. 明确的系统目标

C. 先进的技术设备

D. 严格的组织纪律

E. 完善的规章制度

8. 公路工程施工监理的目标是，以合同为依据，采取（　　）等措施，对工程质量、施工安全、施工环境保护、进度、费用实施有效的监理，从而确保工程项目总体目标最合理的实现，使之达到合同文件规定的要求。

A. 监控　　B. 经济

C. 组织　　　　D. 合同
E. 技术

三、判断题

1. 通过工程保险可以转移建设工程的所有风险。 (　　)
2. 对工程施工中出现的问题，主动提出纠正措施加以解决，就是主动控制。 (　　)
3. 在计划目标执行过程中，一旦发现出现偏差，则应立即采取措施纠正偏差。 (　　)
4. 工程监理的目标就是保证建设项目目标的实现。 (　　)

四、综合分析题

1. 风险管理是工程项目管理的重要内容，也是监理工程师进行项目目标控制必须重视的一个重要问题。根据项目风险管理的基本原理，回答以下问题：

（1）简述风险管理的流程。

（2）简述风险控制对策基本形式。

2. 监理单位受建设单位的委托开展施工监理活动，完成监理合同约定的各项职责，必须明确监理工作的目标，正确处理工程项目质量、进度和费用三大目标之间的关系。

（1）简述公路工程施工监理的目标。

（2）简述工程项目质量、进度和费用三大目标之间的关系。

3. 简要说明动态控制的基本要点。

考点5　施工准备阶段监理

一、单项选择题

1. 某高速公路项目土方工程开工前，承包人对未被扰动的原始地面线进行了测定，共有测点500个，监理工程师对该段土方工程地面线的抽测点数至少应为（　　）个。

A. 50

B. 75

C. 100

D. 150

2. 公路工程项目施工组织设计由（　　）审批。

A. 建设单位

B. 总监理工程师

C. 质监站（局）

D. 专业监理工程师

3. （　　）应在合同工程开工前主持召开由施工单位项目经理、技术负责人及相关人员参加的监理交底会，介绍监理计划的相关内容。

A. 监理单位技术负责人

B. 总监理工程师

C. 驻地监理工程师

D. 专业监理工程师

4. （　　）总监理工程师应在总体工程开工前，对施工单位提交的分项、分部、单位工程划分予以批复并报建设单位备案。

A. 建设单位

B. 总监理工程师

C. 驻地监理工程师

D. 专业监理工程师

5. 监理计划应由（　　）主持编制，经（　　）批准后执行。

A. 总监理工程师，建设单位

B. 专业监理工程师，总监理工程师

C. 驻地监理工程师，总监理工程师

D. 总监理工程师，监理单位技术负责人

二、多项选择题

1. 施工准备阶段监理机构自身的准备工作内容包括（ ）。

A. 熟悉合同文件

B. 调查施工环境条件

C. 参加设计交底

D. 编制监理计划

E. 编制监理细则

2. 施工准备阶段监理工程师应检查承包人保证体系的建立、到位和落实情况。承包人保证体系是指（ ）。

A. 资金监管保证体系

B. 卫生与健康保证体系

C. 质量保证体系

D. 施工安全生产管理体系

E. 施工环境保护管理体系

3. 监理细则的主要内容包括（ ）。

A. 专业工程特点

B. 专业工程监理工作程序

C. 专业工程监理要点

D. 专业工程监理目标值

E. 监理人员和监理设施的进退场计划

4. 监理细则编制的主要依据有（ ）等。

A. 监理合同、监理计划以及施工合同

B. 工程建设相关的标准、规范、规程

C. 政府批准的工程建设文件

D. 监理工程师批准的施工组织设计

E. 工程建设相关的原材料、构配件的使用技术说明

三、判断题

1. 编制监理计划是施工准备阶段监理工作的主要内容之一。（ ）

2. 各施工合同段的施工组织设计及总体进度计划首先应由专业监理工程师审核并提出审核意见，然后由驻地办专业监理工程师审核后报驻地监理工程师审核批准。（ ）

3. 监理计划是由总监理工程师主持编制、在施工合同期内开展监理工作的指导性文件。（ ）

4. 监理细则应根据已批准的监理计划进行编制，并与监理工程师批准的施工组织设计

相呼应。 （ ）

四、综合分析题

1. 施工准备阶段是施工监理的重要工作阶段，是事先监理、主动监理，是为施工阶段奠定良好基础的阶段。施工准备阶段监理的工作主要包括两个方面，即监理机构自身的准备工作和监理工作。试简述施工准备阶段监理工作的主要内容。

2. 简述监理计划的主要内容，并说明监理计划内容的针对性要求是什么。

3. 简要说明监理计划编制的时效性要求是什么。

考点 6　工程质量监理

一、单项选择题

1. 从广义质量观点来看，工程项目质量包括建筑工程产品实体的质量和（　　）的质量。

A. 设备　　B. 运营

C. 服务　　D. 功能

2. 从统计性规律的观点出发，（　　）的大小，反映了工程质量的稳定性。

A. 平均值　　B. 中位数

C. 标准偏差　　D. 极差

3. 要保证工程质量，就要求有关部门和人员精心工作，对决定和影响工程质量的所有因素严加控制，即通过（　　）来保证和提高工程质量。

A. 产品质量　　B. 服务质量

C. 工作质量　　D. 工序质量

4. 由承包人提供的材料，在施工之前监理试验室应进行抽样检验，以确定该材料是否可以用于工程。监理试验室对该材料的抽样检验属于（　　）。

A. 标准试验　　B. 工艺试验

C. 验证试验　　D. 验收试验

5. （　　）是指质量低劣或达不到合格标准，需加固补强，直接经济损失（包括修复费用）在 20 万元至 300 万元之间的事故。

A. 质量问题　　B. 一般质量事故

C. 重大质量事故　　D. 特别重大质量事故

6. 工程质量事故处理应解决的关键问题是（　　）。

A. 查明原因　　B. 确定事故性质

C. 落实措施　　D. 界定责任

7. 根据建设任务、施工管理和质量检验评定的需要，建设项目可划分为（　　）。

A. 分部工程、分项工程

B. 单位工程、分部工程

C. 单位工程、分部工程、分项工程

D. 单项工程、单位工程、分部工程、分项工程

8. 利用生产过程处于稳定状态下的产品质量特性值分布服从正态分布这一统计规律来识别生产过程的异常因素，以保证工序处于控制状态的方法是（　　）。

A. 排列图法　　B. 直方图法

C. 控制图法　　D. 因果分析图法

9. 有一批产品共100箱，每箱20件，现从整批产品中任意抽取200件进行检验，则这种抽样的方法为（　　）。

A. 全数抽样　　B. 单纯随机抽样

C. 系统抽样　　D. 分层抽样

10. 根据有关规定，监理人员对承包人已完工程实体的抽检频率应不低于承包人自检频率的（　　）。

A. 10%　　B. 20%

C. 30%　　D. 25%

11. 对因施工原因而产生的质量缺陷，其处理方案一般应由（　　）提出。

A. 建设单位　　B. 设计单位

C. 监理单位　　D. 施工单位

12. 分项工程的质量检验评分包括以下四项内容，其中权值最大的是（　　）。

A. 基本要求检查　　B. 实测项目计分

C. 外观缺陷减分　　D. 资料不全减分

13. 在公路工程质量检验评定时，分项工程和分部工程区分为（　　），分别予以1和2的权值。

A. 通用工程和专用工程

B. 一般工程和主要（主体）工程

C. 关键工程和非关键工程

D. 辅助工程和主体工程

14. 按照有关规定，分部工程质量评分值 =（　　）。

A. Σ（分部工程得分×相应权值）/Σ分部工程权值

B. Σ（分项工程得分×相应权值）/Σ分项工程权值

C. Σ（分项工程得分×相应权值）/Σ分部工程权值

D. Σ（分项工程评分值×相应权值）/Σ分项工程权值

15. 根据有关规定，合同段工程质量评分值 =（　　）。

A. Σ（单项工程质量评分值×该单项工程投资额）/合同段总投资额

B. Σ（单位工程质量评分值×该单位工程投资额）/合同段总投资额

C. Σ（分部工程质量评分值×该分部工程投资额）/单位工程总投资额

D. Σ（单位工程质量评分值×该单位工程投资额）/单位工程投资额

16. 公路工程质量评定等级可分为（　　）。

A. 合格、不合格　　B. 良、合格、不合格

C. 优、合格、不合格　　D. 优、良、合格、不合格

二、多项选择题

1. 工程项目质量的内涵包括（　　）。

A. 工程项目实体质量　　B. 符合用户需要的程度

C. 工程项目的工作质量　　D. 分部分项工程质量

E. 工程项目功能和使用价值的质量

2. 质量管理作为企业管理的有机组成部分，它的发展过程大体经历了（　　）等阶段。

A. 质量检验阶段　　B. 统计质量管理阶段

C. 全面质量管理阶段　　D. 专项质量管理阶段

E. 分阶段质量管理阶段

3. 按照国际标准 ISO 9000 和国家标准 GB/T 19000 建立一个新的质量体系或更新、完善现行的质量体系，一般要经历的步骤包括（　　）。

A. 确定质量环　　B. 领导决策

C. 编制工作计划　　D. 分层次教育培训

E. 分析企业特点

4. 公路工程质量事故系指由于（　　）等单位的责任过失而使工程在特定时限内遭受损毁或产生不可弥补的本质缺陷，因构造物倒塌造成人身伤亡或财产损失以及需加固、补强、返工处理的事故。

A. 勘测、设计　　B. 业主

C. 施工、监理　　D. 质量监督

E. 试验检测

5. 用来表示质量数据离散程度的特征量有（　　）。

A. 中位数　　B. 极差

C. 标准偏差　　D. 变异系数

E. 算术平均值

6. 以下各备选项中，（　　）是评价项目施工质量的尺度。

A. 合同文件　　B. 质量检验评定标准

C. 质量数据　　D. 设计文件

E. 质量评定资料

7. 监理试验室的基本试验工作包括（　　）。

A. 验证试验　　B. 评估试验

C. 标准试验　　D. 工艺试验

E. 验收试验

8. 以下各备选项中，属于标准试验的是（　　）。

A. 标准击实试验

B. 集料的筛分试验

C. 混合料的配合比试验

D. 结构的强度试验

E. 土基承载比试验

9. 按造成损失的严重程度，公路工程质量事故可分为（　　）。

A. 质量问题

B. 一般质量事故

C. 重大质量事故

D. 特别重大质量事故

E. 严重质量事故

10. 下列各备选项中，属于工程质量事故处理依据的有（　　）。

A. 质量事故的实况资料　　B. 有关合同文件

C. 有关设计文件　　D. 相关的工程建设法规

E. 建设单位和监理机构的意见

11. 在单位工程中，应按（　　）划分为若干个分部工程。

A. 结构部位　　B. 施工方法

C. 路段长度　　D. 施工特点

E. 施工任务

12. 以下各备选项中，属于质量控制中比较常用的数理统计方法的有（　）。

A. 控制图法　　B. 排列图法

C. 直方图法　　D. 因果分析图法

E. S 曲线图法

13. 适用于公路工程质量检验的随机抽样方法一般有（　　）。

A. 单纯随机抽样　　B. 系统抽样

C. 非随机抽样　　D. 密集群抽样

E. 分层抽样

14. 公路工程施工质量监理的主要方法有（　　）。

A. 随机抽查　　B. 指令文件

C. 复核工程量报表　　D. 试验与抽检

E. 现场巡视

15. 分项工程开工之前，监理工程师应审查或审批的事项包括（　　）等。

A. 施工测量放线

B. 工程原材料与混合料

C. 施工方案及主要工艺

D. 工程分包

E. 质量保证体系

16. 公路工程施工质量缺陷的处理原则包括（　　）。

A. 监理工程师具有质量否决权

B. 前道工序的质量缺陷未经处理或处理不符合要求，后道工序不准施工

C. 质量缺陷的处理方案和措施必须经监理工程师审批

D. 施工单位必须执行建设单位对质量缺陷的处理意见

E. 质量缺陷的处理完成后必须接受监理工程师的检查、验收

17. 分项工程质量检验内容包括四个部分，它们分别是（　　）。

A. 基本要求　　B. 实测项目

C. 外观鉴定　　D. 质量保证资料

E. 检验报告

三、判断题

1. 所谓质量，就是指产品或服务满足用户期望的程度。（　　）

2. 公路工程质量事故时限是指施工过程中和设计使用年限内。（　　）

3. 工程项目由于监理工程师的签认而出现了工程质量问题，由此造成承包人的经济损失，监理工程师就应承担赔偿该损失的责任。（　　）

4. 在公路工程施工质量控制中，应贯彻以监理抽检为主，施工单位自检为辅的原则。（　　）

5. 标准试验是指在工程开工前，为确定工程材料的最佳组合，建立施工控制和检验标准所进行的试验。（　　）

6. 一般质量事故可由监理机构负责处理。（　　）

7. 施工单位、工程监理单位和建设单位应按相同的工程项目划分进行工程质量的监控和管理。（　　）

8. 在施工过程中，由于原材料成分和性能发生微小变化而造成的质量波动属于正常波动，不需要加以控制，即认为生产过程处于稳定状态。（　　）

9. 巡视是指监理人员在施工现场对某一具体的工序、工艺或部位施工全过程进行的监理。（　　）

10. 对施工单位申请使用商品混凝土或商品混合料，监理工程师不需要进行审查和试验验证。（　　）

11. 对因施工原因而产生的质量缺陷的处理，应由监理工程师提出处理方案及方法后方可进行。（　　）

12. 分部工程质量的好坏是质量控制的基础。（　　）

13. 合同段和建设项目工程质量评分值应按《公路工程质量检验评定标准》计算。（　　）

14. 公路工程质量评定等级分为优良、合格、不合格三级，应按各工程单元的质量评分

值确定其相应的等级。 (   )

四、综合分析题

1. 某承包人与建设单位按《公路工程标准施工招标文件》(2009 年版)签订了施工合同。在施工过程中发生以下事件:

事件 1:基础混凝土施工后,经监理工程师检查,施工质量较差,指令返工处理,直接经济损失 5 万元。

事件 2:桥梁灌注桩清孔后沉积层仍超过规定厚度,二次清孔后,孔深增加,浇筑混凝土的实际桩长比设计桩长增加 0.9m。承包人要求对增加的桩长给予计量。

问题:

(1) 公路工程质量事故可分为哪几类?事件 1 属于哪一类?

(2) 工程质量事故处理的基本原则有哪些?

(3) 工程计量方式一般有哪几种?

(4) 针对事件 2,监理工程师应如何处理?并说明理由。

2. 某高速公路在施工过程中发生了大面积边坡坍塌,有关各方立即组成事故调查组对该质量事故调查处理。该事故没有造成人员伤害,但造成直接经济损失 80 万元。

试回答:

(1) 请对该质量事故进行分类分级。

(2) 简述该质量事故的处理程序。

3. 从质量监理的角度来分析,监理工程应通过审查哪些方面来判断分项(或分部)工程是否具备开工的条件?

4. 简述质量保证资料的组成。

5. 某高速公路施工过程中,监理驻地试验室对某路段路基施工压实度抽样检测结果如下:96.57、95.38、96.52、93.54、94.58、96.10、97.21、95.62、95.77、95.94。

试计算此组数据下列的统计特征量:(1) 算术平均值;(2) 中位数;(3) 极差;(4) 标准偏差;(5) 变异系数。

6. 某新建高速公路路基施工中,对某路段上路床压实质量进行检验。已知压实度检测结果分别为 98.6、95.4、93.0、99.2、96.2、92.8、95.9、96.8、96.3、95.9、92.6、95.6、99.2、95.8、94.6、99.5(单位:%)。请按保证率 95% 计算该路段的代表压实度,并进行分析评定。(已知 $t_{0.95}/\sqrt{16}=0.438$,$t_{0.975}/\sqrt{16}=0.533$)

考点7　施工安全监理

一、单项选择题

1. 《建设工程安全生产管理条例》规定，施工单位应当配备专职安全生产管理人员。专职安全生产管理人员负责对安全生产进行现场监督检查。发现安全事故隐患，应当及时向项目负责人和安全生产管理机构报告；对违章指挥、违章操作的，应当（　　）。

A. 立即上报　　B. 处以罚款

C. 立即制止　　D. 给予处分

2. 监理工程师应对危险性较大的工程作业应定期巡视检查，如发现严重的安全事故隐患，监理工程师应（　　）。

A. 签发工程暂停令，并报告建设单位

B. 指令继续施工，但应整改

C. 报告有关主管部门

D. 通知施工单位自行处理

3. 公路工程安全生产管理必须坚持（　　）的方针。

A. 安全第一、质量为本

B. 安全第一、预防为主

C. 质量第一、安全先行

D. 事中控制与事后控制相结合

4. 工程监理单位和监理工程师应当按照法律、法规和工程建设强制性标准实施监理，并对建设工程安全生产承担（　　）。

A. 主要责任　　B. 连带责任

C. 全面责任　　D. 监理责任

5. 某公路桥梁工程施工过程中，发生了由于施工人员违章操作导致支架倒塌，造成8人死亡的生产安全事故。该生产安全事故等级属于（　　）。

A. 特别重大事故　　B. 重大事故

C. 较大事故　　D. 一般事故

6. 某桥梁工程施工过程中，监理工程师在巡视工地时发现了一起有可能造成死伤人数为7人的安全事故隐患，该事故隐患等级为（　　）。

A. 特别重大隐患　　B. 重大隐患

C. 较大隐患　　D. 一般隐患

7. 对于施工现场存在的安全事故隐患，施工单位拒不按监理工程师指令进行整改的，监理工程师应向（　　）书面报告。

A. 建设单位
B. 施工单位
C. 监理单位
D. 有关主管部门

8. 项目监理机构应对（　　）分部分项工程必须在施工开始前编制专项安全监理实施细则。

A. 工程项目所有的
B. 监理工程师指定的
C. 危险性较大的
D. 质量要求高或技术复杂的

二、多项选择题

1. 按照有关规定，施工单位的（　　）必须取得考核合格证书，方可参加公路工程投标及施工。

A. 主要负责人
B. 项目负责人
C. 试验室负责人
D. 财务负责人
E. 专职安全生产管理人员

2. 施工单位特种作业人员包括（　　）等。

A. 垂直运输机械作业人员
B. 爆破作业人员
C. 安装拆卸工
D. 起重信号工
E. 测量、试验工

3. 公路工程施工安全监理的依据包括（　　）。

A. 施工单位技术交底书
B. 施工现场安全监理检查记录
C. 相关法律法规和标准规范
D. 建设工程批准文件
E. 监理合同和有关的建设工程合同

4. 下列属于安全生产必须处理好的五种关系的是（　　）。

A. 安全与危险的并存
B. 安全与生产的统一
C. 安全与环境的兼容
D. 安全与质量的同步
E. 安全与效益的兼顾

5. 根据《建设工程安全生产管理条例》的相关规定，监理单位应建立的安全管理制度有（　　）。

A. 专项施工方案审查制度
B. 安全隐患处理制度

C. 应急救援制度

D. 安全技术措施审查制度

E. 严重安全隐患报告制度

6. 监理单位和监理工程师在实施安全监理工作中可能承担的法律责任有（　　）。

A. 行政责任　　B. 刑事责任

C. 民事责任　　D. 安全管理责任

E. 领导责任

7. 引发生产安全事故的基本因素有（　　）。

A. 不安全状态　　B. 不安全行为

C. 环境变化　　D. 起因物

E. 致害物

8. 预防建设工程安全事故的最基本的方法有（　　）。

A. 建立健全安全生产管理制度

B. 强化安全教育

C. 统一管理生产与安全工作

D. 加强巡视与旁站

E. 配备必要的安全防护装置与工具

9. 交通运输部颁布的《公路水运工程生产安全事故应急预案》（交质监发［2011］6号）中规定，公路工程生产安全事故应急预案体系由（　　）构成。

A. 总体预案　　B. 专项预案

C. 地方预案　　D. 项目预案

E. 现场预案

10. 公路工程生产安全事故等级按照人员伤亡、涉险人数、经济损失等因素一般分为四级，分别为（　　）。

A. 特别重大事故　　B. 特别严重事故

C. 重大事故　　D. 较大事故

E. 一般事故

11. 施工中发生安全事故时，建筑施工企业应当按照有关规定及时向有关部门报告，对事故的处理应做到“四不放过”，即（　　）。

A. 事故原因不清不放过

B. 事故责任者未受到处罚不放过

C. 事故隐患未消除不放过

D. 没有防范措施不放过

E. 事故责任者和群众没有受到教育不放过

12. 根据有关规定，对于下列达到一定规模的危险性较大的分部分项工程，施工单位应当编制专项施工方案的有（　　）。

A. 土方开挖工程

B. 起重吊装工程

C. 脚手架工程

D. 主体结构工程

E. 临时用电工程

13. 施工准备阶段，监理机构对施工单位的审查内容主要包括（　　）。

A. 安全生产管理体系

B. 施工现场平面布置

C. 施工方案及主要工艺

D. 事故应急救援预案

E. 安全技术措施或者专项施工方案

14. 公路工程施工过程中的日常安全监理实施程序包括（　　）等环节。

A. 发出书面整改通知

B. 签发监理指令

C. 召开专题监理例会

D. 签发“工程暂停令”

E. 向建设主管部门报告

15. 施工单位的安全自检可分为（　　）。

A. 日常性检查

B. 每日检查

C. 专业性检查

D. 季节性检查

E. 不定期检查

16. 监理工程师应每天对施工过程中的危险性较大工程作业情况进行巡视检查，发现未按施工方案施工或违规作业行为应及时制止。巡视检查的作业重点包括（　　）。

A. 高处作业

B. 起重作业

C. 混凝土摊铺

D. 预应力张拉作业

E. 支架、脚手架的搭设与拆除

17. 公路工程项目监理计划应包括的安全监理内容有（　　）。

A. 安全监理的范围和内容

B. 安全监理的工作程序

C. 安全监理的制度措施

D. 安全监理的人员配备计划与职责

E. 施工安全技术措施

18. 施工现场安全监理内业资料的内容包括（　　）。

A. 监理工作计划中的监理方案

B. 专项安全施工方案报审材料

C. 施工现场安全监理检查记录

D. 施工方案及主要工艺的审查资料

E. 大中型施工机械、安全设施验收报审资料

三、判断题

1. 建设单位应提供安全生产费用，在编制工程概算时，应当确定建设工程安全作业环境及安全施工措施所需费用。 ( )

2. 当安全与生产发生矛盾时，必须先解决生产问题，这样才能为安全提供经济保障。 ( )

3. 对于一般安全隐患，监理工程师可指令承包人限期整改；而对于严重安全隐患，监理工程师应签发工程暂停令，要求承包人停止施工，并及时报告建设单位。 ( )

四、综合分析题

1. 某高速公路施工合同，主要工程内容为：路基工程、桥梁工程和隧道工程。其中路基工程中的土石方开挖，地质条件良好，有高边坡处理，需要爆破施工；桥梁工程为钻孔灌注桩基础、柱式墩，上部为预应力混凝土简支T梁；隧道工程中局部地段有不良地质现象。该施工合同承包人的中标价为2亿元，其中安全生产费用为180万元，在其施工组织机构设置中，安排了3名专职安全生产管理人员。

问题：

（1）该承包人中标价中计列的安全生产费用是否满足规定要求？为什么？

（2）该承包人安排的专职安全生产管理人员是否满足规定要求？为什么？

（3）该项目中，应当编制专项施工方案的工程有哪些？

2. 工程开工前，监理工程师应审查施工单位编制的施工组织设计中的安全技术措施或专项施工方案是否符合强制性标准，审查合格后方可同意工程开工。请简述监理工程师对施工组织设计中的安全技术措施或专项施工方案应重点审查的内容。

3. 简述《建设工程安全生产管理条例》（国务院令2003年第393号）规定的监理单位的安全责任及相应的法律责任。

4. 根据《公路水运工程安全生产监督管理办法》（交通部令2007年第1号）的规定，施工单位应对哪些危险性较大的工程编制专项施工方案？

5. 简述安全监理细则的编制依据及主要内容。

考点8 施工环境保护监理

一、单项选择题

1. 施工过程中，监理工程师发现施工单位填方路段取土结束后没有采取有效的排水防护和植被恢复措施。这时，监理工程师应书面指令施工单位整改。监理工程师的这种监理行为属于（　　）。

A. 环保工程监理　　B. 生态环境监理
C. 环保达标监理　　D. 环境监测监理

2. 环境达标监理的工作方式以（　　）为主。

A. 旁站　　B. 巡视
C. 询问　　D. 监测

3. 根据《公路建设项目环境影响评价规范》（JTG B03—2006）的规定，可能造成轻度环境影响的公路建设项目，应当编制（　　），对产生的环境影响进行分析或者专项分析。

A. 环境影响评价大纲　　B. 环境影响报告书
C. 环境影响报告表　　D. 环境影响登记表

4. 公路工程施工环保监理的工作方式包括（　　）。

A. 巡视　　B. 旁站
C. 环境监测　　D. 随机抽查
E. 工序控制

5. 环保工程监理资料体系应和（　　）施工监理一致。

A. 交安工程　　B. 机电工程
C. 附属工程　　D. 主体工程

二、多项选择题

1. 根据可持续发展的理论，公路工程项目地区的环境因素包括（　　）。

A. 自然环境　　B. 生态环境
C. 社会环境　　D. 生活环境
E. 经济技术环境

2. 在公路施工监理过程中，监理人员应着重检查和控制施工对（　　）的影响。

A. 生态环境　　B. 水环境
C. 大气环境　　D. 声环境
E. 社会经济环境

3. 公路工程施工环境保护监理的依据包括（　　）等。
   A. 环境保护法律、法规
   B. 环境保护国家标准
   C. 施工组织设计
   D. 工程设计文件、监理合同及施工合同
   E. 建设项目环境影响评价报告及其批复
4. 施工环境保护监理工作程序中的主要工作内容包括（　　）。
   A. 建立施工环保监理机构
   B. 编制环保监理计划和环保监理细则
   C. 开展施工环保监理工作
   D. 编写并提交环保监理工作报告及监理资料
   E. 参与交工验收和竣工验收
5. 施工阶段环境保护监理的工作内容有（　　）。
   A. 审查施工组织设计中的环保方案和措施
   B. 审查临时用地方案
   C. 对工地进行巡视
   D. 向施工单位发出环保工作指令
   E. 检查取（弃）土场的复绿是否达到环保要求
6. 公路工程施工环境保护监理工作制度包括（　　）等。
   A. 会议制度
   B. 报告制度
   C. 人员培训制度
   D. 工作记录制度
   E. 函件来往制度
7. 公路工程施工环境保护监理文件的构成包括（　　）。
   A. 施工环境保护监理计划
   B. 施工环境保护监理实施细则
   C. 施工环境保护监理总结报告
   D. 环境影响报告书
   E. 环境监测报告
8. 监理工程师在施工过程中对环保的监理措施有（　　）等。
   A. 规范承包人操作、合理指导施工
   B. 严格审批施工组织设计
   C. 检查、督促承包人的各项开工准备工作
   D. 经常检查承包人的环境保护工作的进度和质量、及时纠偏
   E. 加强对承包人的监督管理，防止和减轻粉尘、噪声等对周围环境的污染和破坏

三、判断题

1. 环保达标监理的工作方式通常以日常巡视为主，辅之以必要的环境监测，以便及时调整环保监理力度。 (　　)

2. 监理工程师如果发现施工中存在违反有关环保规定、未按合同要求落实环保措施的情况，可立即报告环保主管部门。 (　　)

四、综合分析题

监理工程师在巡视、旁站中，应随时检查施工单位制订的环境保护措施的落实情况。请简述监理工程师在检查环境保护措施落实情况时应检查的主要内容。

考点9　工程进度监理

一、单项选择题

1. 监理工程师在进度监理方面的主要工作内容可以概括为（　　）。

A. 进度计划的审查、批准、检查与调整

B. 进度计划的审查、批准、检查与监督

C. 进度计划的审查、批准、执行、检查与调整

D. 进度计划的编制、审查、批准、执行、检查与调整

2. 根据公路工程特点及施工管理的要求，公路工程施工组织的基本单元是（　　）。

A. 分部工程　　B. 分项工程

C. 工序　　D. 操作

3. 顺序作业法的基本特点之一就是（　　）。

A. 工期长　　B. 单位时间消耗资源多

C. 充分利用工作面　　D. 工期短

4. 公路工程施工计划管理的工作程序为（　　）。

A. 计划的编制→计划的对比→计划执行的检查→计划的调整

B. 计划的编制→计划的审核→计划的调整→计划执行的检查

C. 计划的编制→计划执行的检查→计划的调整

D. 计划的规划→计划的调整→计划的检查→计划的执行

5. 某工程由4个分项工程组成，平面上分为5个施工段。各分项工程在各施工段上的流水节拍均为3天，则该工程工期为（　　）天。

A. 18　　B. 21

C. 24　　D. 27

6. 根据比较实际进度与计划进度的S曲线，可以明显看出（　　）。

A. 项目总的实际进度情况

B. 某一工作完成工作量情况

C. 某一工作实际进度情况

D. 导致进度拖延的某一具体工作

7. 在单代号网络计划图中，用来表示工作间相互关系的是（　　）。

A. 节点　　B. 箭线

C. 流　　D. 代号

8. 网络计划“工期优化”的目标是（　　）。

A. 确定最低成本工期

B. 确定最短工期

C. 缩短关键线路

D. 确定满足目标工期的计划方案

9. 工程网络计划中，工作的局部时差与总时差的关系是（　　）。

A. 局部时差小于总时差

B. 局部时差之和大于总时差

C. 局部时差等于总时差

D. 局部时差总是小于或等于总时差

10. 对某双代号网络计划而言，下列各选项中，（　　）不是确定关键线路的方法。

A. 关键线路法
B. 关键节点法
C. 线路枚举法
D. S 曲线法

11. 按节点最早时间绘制的时标网络计划中，工作的局部时差是用（　　）表示的。

A. 虚箭线
B. 实箭线
C. 双箭线
D. 波形线

12. 在工程进度曲线中，如果实际进度点位于计划 S 曲线的左侧，则该点与计划曲线的垂直距离表明实际进度比计划进度（　　）。

A. 超前的时间
B. 拖后的时间
C. 超额完成的任务量
D. 拖欠的任务量

13. 工作的误期值 = 工作延误值 − 工作总时差，当 max｛工作的误期值｝ >0 时，说明（　　）。

A. 总工期提前
B. 工程按期交工
C. 总工期拖延
D. 无法判断

14. 监理工程师应在收到承包人提交的施工进度计划后的（　　）天内，对该计划予以审批或提出修改意见。

A. 14
B. 21
C. 28
D. 35

15. 由于非承包人的原因或责任发生的工期延误，监理工程师（　　）。

A. 必须批准工程延期

B. 一定不批准工程延期

C. 不一定批准工程延期

D. 按建设单位的意图办

16. 进度监理应在确保质量和安全的基础上，以（　　）控制为主线进行。

A. 施工方案
B. 计划
C. 质量
D. 计量

17. 根据有关规定，工程项目的总体施工进度计划应由（　　）审批。

A. 监理单位技术负责人

B. 建设单位技术负责人

C. 施工单位技术负责人

D. 项目总监理工程师

二、多项选择题

1. 公路工程施工进度监理的工作流程包括（　　）等环节。

A. 进度计划的编制

B. 进度计划的审批

C. 进度计划的执行

D. 进度计划执行的检查

E. 进度计划的调整

2. 公路工程施工过程的基本组织原则有（　　）。

A. 连续性原则　　B. 组织性原则

C. 均衡性原则　　D. 协调性原则

E. 经济性原则

3. 公路工程施工组织的基本方法有（　　）。

A. 顺序作业法　　B. 平行作业法

C. 流水作业法　　D. 立体交叉法

4. 公路工程施工组织的方法有（　　）。

A. 顺序作业法　　B. 平行作业法

C. 流水作业法　　D. 平行流水作业法

E. 平面交叉平行作业法

5. 公路工程施工计划管理的特点主要有（　　）等。

A. 计划的被动性　　B. 计划的多变性

C. 计划的不均衡性　　D. 计划的全面性

E. 计划的主动性

6. 流水施工的参数可分为三大类，分别是（　　）。

A. 组织参数　　B. 空间参数

C. 时间参数　　D. 工艺参数

E. 经济参数

7. 流水作业的参数包括空间参数、工艺参数和时间参数。其中，流水作业的时间参数有（　　）等。

A. 流水步距　　B. 流水节拍

C. 搭接时距　　D. 计划工期

E. 技术间歇

8. 进度监理的基本方法有（　　）。

A. 横道图法　　B. S 曲线法

C. 斜条图法　　D. 网络计划图法

E. 计划评审法

9. 网络计划技术有许多方法，主要有（　　）。

A. 关键线路法　　B. 计划评审法

C. 搭接网络计划　　D. 平行网络计划

E. 图例评审法

10. 按箭线和节点表达的含义不同，网络图可分为（　　）。

A. 一般双代号网络图　　B. 单代号网络图

C. 时间坐标网络图　　D. 双代号网络图

E. 单项工程网络图

11. 下列网络计划时间参数中，属于单代号网络计划时间参数的有（　　）。

A. ES　　B. ET

C. EF　　D. LF

E. LT

12. 单代号网络计划图的绘制方法主要有（　　）。

A. 前进法　　B. 关键工作法

C. 后退法　　D. 关键节点法

E. 先粗后细法

13. 根据优化条件和目标不同，网络计划优化的内容包括（　　）。

A. 时间优化　　B. 工期与成本优化

C. 资源优化　　D. 组织优化

E. 设计优化

14. 网络计划中工作间的逻辑关系包括（　　）。

A. 工艺关系　　B. 技术关系

C. 组织关系　　D. 经济关系

15. 时间坐标网络计划图的绘制方法主要有（　　）。

A. 按节点最早时间绘制法

B. 按节点最迟时间绘制法

C. 优化时间直接绘制法

D. 先粗后细绘制法

E. 顺推或后退绘制法

16. 双代号网络计划图的绘制方法主要有（　　）。

A. 前进法

B. 后退法

C. 先粗后细法

D. 节点最早时间绘制法

E. 节点最迟时间绘制法

17. 双代号网络计划中，某非关键工作持续时间延长 2 天，其他工作不变，总工期也不变，则该工作（　　）。

A. 最早开始时间推后 2 天

B. 最迟开始时间推后 2 天

C. 最迟结束时间推后 2 天

D. 最迟开始时间提前 2 天

E. 总时差减少 2 天

18. 已知双代号网络计划中编号为⑤→⑥的工作持续时间 $t_{(5,6)}=5$，$ES_{(5,6)}=7$，$TF_{(5,6)}=4$，且该工作有多项平行工作和紧前、紧后工作。根据上述已知条件，可确定的时间参数有（　　）。

A. $ET_5=7$

B. $LT_5=11$

C. $ET_6=12$

D. $LT_6=16$

E. $LF_{(5,6)}=16$

19. 工程网络计划中，关键线路是指（　　）的线路。

A. 双代号网络计划中由关键节点组成

B. 双代号网络计划中总持续时间最长

C. 相邻两项工作之间时间间隔均为零

D. 双代号时标网络计划中无虚箭线

E. 所有工作的总时差均为零

20. 时间坐标网络计划图的绘制方法有（　　）。

A. 前进法

B. 按节点最早时间绘制

C. 后退法

D. 优化时间直接绘制

E. 按阶段最迟时间绘制

21. 工程进度计划的主要表现形式有（　　）。

A. 横道图

B. 斜条图

C. 网络计划图

D. 形象进度图

E. 进度曲线图

22. 监理工程师应要求施工单位在合同规定的期限内编制并提交进度计划。一份完整的进度计划应包含（　　）等。

A. 文字说明

B. 进度图表

C. 组织计划

D. 保证措施

E. 资源供应

23. 下列有关施工进度计划编制原则的表述中，正确的有（　　）。

A. 必须贯彻合同条款及技术规范

B. 正确反映施工组织及施工方法

C. 真实、可靠并符合实际

D. 充分使用其他单位现有的人力和设备

E. 表达施工中的全部活动及其他的相关联系

24. 实际进度与计划进度比较的方法主要有（　　）。

A. 实际进度前锋线法

B. 横道图比较法

C. S 曲线图比较法

D. 排列图法

E. 香蕉曲线比较法

25. 实际进度前锋线的标定方法主要有（　　）。

A. 按已完成的实际工程量标定

B. 按已用去的时间标定

C. 按计划完成的工程量标定

D. 按尚需时间标定

E. 按累计完成的工程量标定

26. 监理工程师应在合同规定的期限内审批施工单位提交的进度计划。监理工程师审查施工进度计划的内容主要包括（　　）。

A. 工期和时间安排的合理性

B. 施工准备的可靠性

C. 施工机械设备的协调性

D. 质量保证体系的完善性

E. 计划目标与施工能力的适应性

27. 监理工程师对施工进度计划审查的步骤包括（　　）。

A. 阅读文件、列出问题、进行调查了解

B. 提出问题，与发包人进行协商讨论

C. 提出问题，与承包人进行讨论或澄清

D. 对有问题的部分进行分析，向承包人提出修改意见

E. 审查批准承包人修改后的进度计划

28. 为了减少或避免工程延误事件发生，监理工程师应做好的工作包括（　　）。

A. 妥善处理工程延期事件

B. 及时支付工程进度款

C. 及时提供施工场地

D. 及时下达工程开工令

E. 提醒业主履行合同义务

29. 因承包人的原因或责任造成工作延误时，监理工程师可能采取的措施包括（　　）。

A. 指示承包人加强管理

B. 指示承包人立即停工

C. 立即报告建设单位

D. 指示承包人调整进度计划

E. 指示承包人采取措施，加快施工进度

30. 调整施工进度计划的方法之一就是压缩关键工作的持续时间。一般情况下，选择压缩的关键工作可能有（　　）等。

A. 有利于尽快缩短工期的关键工作

B. 技术上容易加快的关键工作

C. 可允许压缩时间较多的关键工作

D. 原持续时间相对较短的容易压缩的关键工作

E. 因加快进度使工程费用增加较少的关键工作

三、判断题

1. 进度计划是进度监理的主要依据，因此，该计划一经批准就不得改动。（　　）
2. 流水步距是指两个专业施工队依次投入同一施工段开始施工的时间间隔。（　　）
3. 工程进度曲线不仅可以反映工程进展的总体情况，还可以反映各工作的进展情况。（　　）
4. 单代号网络图就是只用一条箭线表示一项工作的网络图。（　　）
5. 单代号网络计划图中可以引入虚拟工作，因此就有虚箭线。（　　）
6. 单代号网络计划图的绘制过程和双代号网络计划图一样。（　　）
7. 在网络计划图中，关键线路只有一条。（　　）
8. 在时标网络计划中，某工作的箭线右面没有波形线，就说明该工作无总时差。（　　）
9. 在施工进度网络计划中，关键工作延长几天，计划工期就要延长几天。关键工作缩短几天，计划工期也缩短几天。（　　）
10. 工程网络计划中，关键工作组成的线路一定是关键线路。（　　）
11. 时标网络计划中自始至终不出现波形线的线路为关键线路。（　　）
12. 施工进度的检查就是将实际进度与计划进度作对比，找出偏差。（　　）
13. 调整工程进度计划，主要是调整关键线路上的施工安排。（　　）

四、综合分析题

1. 某工程项目划分为4个施工段（Ⅰ、Ⅱ、Ⅲ、Ⅳ）和3道施工工序（A、B、C），各工序在各个施工段上的流水节拍列表如下。试组织流水作业（计算流水步距、工期，并绘制横道图）。

施 工 工 序	施工段上的流水节拍（工序持续时间）(d)			
	Ⅰ	Ⅱ	Ⅲ	Ⅳ
A	3	4	4	5
B	3	3	2	2
C	2	2	3	3

2. 某工程项目可划分为8项工作，各工作间的相互关系和各工作的持续时间经分析、计算列表如下。

工作名称	A	B	C	D	E	F	G	H
紧前工作	—	A	B	B	B	C、D	C、E	F、G
工作持续时间	1	10	2	5	1	3	2	1

（1）试绘制双代号网络图。

（2）确定所绘制的网络计划图的关键线路和计算工期。

考点 10　工程费用监理

一、单项选择题

1. 公路工程施工过程中，费用监理的关键环节是（　　）。

A. 反索赔

B. 拒绝一切索赔

C. 合理确定变更工作的单价

D. 工程计量与支付

2. 监理工程师必须以质量合格、手续齐全，且（　　），作为计量与支付的先决条件。

A. 建设单位同意

B. 施工单位申请

C. 监理工程师审核

D. 符合安全和环保要求

3. 根据《公路工程标准施工招标文件》（2009 年版），已标价工程量清单中的单价子目工程量为（　　）。

A. 估算工程量

B. 结算工程量

C. 设计工程量

D. 最终工程量

4. 以下各备选项中，（　　）不是直接费的组成部分。

A. 人工费

B. 企业管理费

C. 临时设施费

D. 施工标准化与安全措施费

5. 监理工程师收到施工单位计量申请后应及时计量，对路基基底处理、结构物基础的基底处理及其他复杂、有争议需要现场确认的项目，（　　）。

A. 根据承包人上报的测量资料计量

B. 经建设单位批准后即可计量

C. 经监理工程师现场复核后即可计量

D. 应会同建设、设计、施工等单位现场计量

6. 工程计量时，应以（　　）的数量为准。

A. 图纸给定

B. 工程量清单

C. 实际完成

D. 实际完成并经监理工程师确认

7. 监理工程师应在收到承包人提交的工程量报表后的（　　）天内进行复核，以确定实际完成的工程量。

A. 21　　B. 7

C. 14　　D. 28

8. 工程计量的方法一般不包含（　　）。

A. 分项计量法

B. 断面法

C. 经验比较法

D. 凭证法

9. 监理工程师应在收到承包人进度付款申请单以及相应的支持性证明文件后的（　　）天内完成核查，提出发包人到期应支付给承包人的金额。

A. 14　　B. 21

C. 28　　D. 35

10. 监理工程师在工程费用支付中的职责是（　　）。

A. 控制工程计量

B. 审核付款申请

C. 出具付款证书

D. 审核付款申请，出具付款证书

11. 监理工程师应在收到承包人提交的进度付款申请单后的（　　）天内完成核查，提出业主到期应支付给承包人的金额，经业主审查同意后，由监理工程师向承包人出具进度付款证书。

A. 14　　B. 7

C. 21　　D. 2

12. 承包人接受了（　　）后，应被认为已无权再提出在合同工程交工验收证书颁发之前所发生的任何索赔。

A. 中间交工证书　　B. 交工验收证书

C. 交工付款证书　　D. 最终付款证书

13. 监理工程师收到承包人计量申请后应及时计量，对路基基底处理、结构物基础的基底处理及其他有争议需现场确认的项目，应（　　）。

A. 根据承包人上报的测量资料计量

B. 经请示业主批准或同意即可计量

C. 会同建设、设计、施工等单位现场确认计量

D. 经监理工程师现场复核后即可计量

二、多项选择题

1. 《公路工程标准施工招标文件》(2009 年版)合同条款模式下工程费用管理的特点包括( )。

A. 承包人申请、使用

B. 业主支付

C. 监理工程师核查

D. 单件计价

E. 预先定价

2. 工程费用及其支付的特点主要有( )。

A. 单件性计价支付

B. 一次性计价支付

C. 多次性计价支付

D. 批量性计价支付

E. 承包人申请

3. 为了做好费用监理工作,监理工程师在监理工作中应遵守的基本原则有( )。

A. 依法办事原则

B. 恪守合同原则

C. 公平公正原则

D. 主动热情原则

E. 准确及时原则

4. 在工程计量中应遵循的基本原则包括( )。

A. 合同性原则

B. 目的性原则

C. 公正性原则

D. 时效性原则

E. 程序性原则

5. 下列有关工程计量作用的表述中,正确的有( )。

A. 确保监理工程师的核心地位

B. 是进行质量的重要手段,是进度控制的基础

C. 为实施费用支付提供依据

D. 为合同的履行创造条件

E. 核实确认承包人实际完成合同工程的准确的数量

6. 下列关于工程量清单中所列工程量的说法中,不正确的是( )。

A. 合同图纸给定的数量

B. 实际计量的数量

C. 承包人实际完成的数量

D. 实际结算的数量

E. 实际完成并经监理签认的数量

7. 公路工程建筑安装工程费包括( )。

A. 直接费

B. 间接费

C. 施工技术装备费
D. 税金和利润
E. 企业管理费

8. 包含在建筑安装工程费中的直接工程费包括（　　）。
A. 人工费
B. 材料费
C. 施工辅助费
D. 现场经费
E. 企业管理费

9. 监理工程师必须以（　　）作为计量与支付的先决条件。
A. 质量合格
B. 各项试验检测资料齐全有效
C. 建设单位同意
D. 符合安全和环保要求
E. 施工单位申请

10. 下列各备选项中，（　　）属于工程计量的依据。
A. 施工图纸
B. 工程量清单
C. 测量数据
D. 中间交工证书
E. 承包人施工记录

11. 下列有关工程费用支付原则的表述中，正确的有（　　）。
A. 费用支付必须以工程计量为基础
B. 费用支付必须符合合同条款的规定
C. 费用支付可解除承包人应负的合同义务
D. 费用支付必须经监理工程师签认
E. 严格按规定的程序进行

12. 监理工程师在工程费用支付中的权限包括（　　）等。
A. 审查承包人的各种付款申请，并向承包人出具付款证书
B. 对不合格工程有权暂时拒绝支付
C. 具有重新确定工程量清单中任何子目单价的权力
D. 具有对合同价格进行调整的权力
E. 具有确认工程变更和索赔所产生费用的权力

13. 根据合同规定，在工程进度付款证书中应逐月扣除的款项包括（　　）。
A. 计日工费
B. 开工预付款
C. 材料预付款
D. 质量保证金
E. 投标保证金

14. 下列各项费用支付项目中，（　　）属于清单支付项目。
A. 暂列金额
B. 质量保证金
C. 计日工
D. 暂估价
E. 工程变更费用

15. 暂列金额是指已标价工程量清单中所列的，用于（　　）的施工及其所需材料、工程设备、服务等的金额，包括以计日工方式支付的金额。

A. 在签订协议书时尚未确定的变更

B. 不可预见的变更

C. 在施工过程中必然发生的专业工程

D. 专业分包工程

16. 根据合同条款的规定，构成工程变更事项的有（　　）。

A. 改变合同中任何一项工作的质量或其他特性

B. 改变合同工程的基线、标高、位置或尺寸

C. 改变合同价格

D. 为完成工程需要追加的额外工作

E. 改变合同中任何一项工作的施工时间或改变已批准的施工工艺或顺序

17. 费用索赔成立的基本条件有（　　）。

A. 有明确的合同依据

B. 有具体的损害事实

C. 索赔期限符合合同规定

D. 索取的费用与损害事实相符

E. 发包人审核同意

18. 下列关于挖方路基计量方法的说法中，正确的有（　　）。

A. 路基土石方开挖数量包括边沟、排水沟、截水沟的开挖

B. 凡超过图纸或监理工程师规定尺寸的开挖，均不予计量

C. 挖除路基范围内非适用材料及淤泥的数量不予计量

D. 挖方路基中的边沟、排水沟、截水沟的开挖数量应单独计量

E. 路基土石方开挖数量应以经监理工程师校核批准的横断面地面线和土石分界的补充测量为基础，按路线中线长度乘以经监理工程师核准的横断面面积进行计算

19. 合同支付项目灵活性大，较难把握和控制，是监理工程师在支付工作中的难点和重点。下列选项中，属于合同支付项目的有（　　）。

A. 暂估价

B. 开工预付款

C. 质量保证金

D. 计日工

E. 工程变更费用

20. 当因物价波动引起合同价格调整时，计算调整合同价格差额采用的方法主要有（　　）。

A. 价格指数法

B. 造价信息法

C. 环比指数法

D. 定基指数法

E. 现价指数法

三、判断题

1. 费用监理的目标就是尽可能减少费用的支付。 ( )

2. 监理工程师所拥有的工程计量权就是对承包人已完工程的数量进行计算的权力。 ( )

3. 工程量清单是投标文件的组成部分，是由施工单位在编制投标文件时编制的。 ( )

4. 如果工程量清单中某工程子目承包人在投标报价时未填写单价，则在计量该子目并确定支付时，应由监理工程师会同业主及承包人协商确定单价及支付的费用。 ( )

5. 某桥台的计量应以该桥台实际施工尺寸进行计量。 ( )

6. 无论采用何种计量方式与方法，其最终的计量结果都必须经监理工程师确认。 ( )

7. 工程费用支付是对承包人完成工程的质量和进度的认可，这意味着支付可解除承包人应承担的合同义务和责任。 ( )

8. 监理工程师有权扣发承包人未能按照合同要求履行任何工作或义务的相应金额。 ( )

9. 价格调整和计日工应由监理工程师根据承包人的申请予以核实。 ( )

10. 工程变更主要涉及的是设计图纸和技术规范的变更，超出这一范围，就不应视为工程变更。 ( )

11. 所有场地清理、拆除与挖掘工作的一切挖方、坑穴的回填、整平、压实等费用均含入相关子目单价之中，不另行计量。 ( )

四、综合分析题

1. 某拟建高速公路项目，建设单位已与某监理单位签订施工监理合同，受建设单位委托，总监理工程师协助建设单位做好施工招标准备工作，并组织人员编制招标文件，包括工程量清单。

试问：

（1）工程量清单由谁来编制？

（2）工程量清单的作用有哪些？

（3）工程量清单的主要内容包括哪些？

2. 某公路工程施工合同采用《公路工程标准施工招标文件》（2009 年版）合同条款。

合同工程量清单中有某桥梁台背和锥坡回填子目及其土方数量，但没有单价。该子目施工结束后，经监理检查确认：质量合格，验收手续齐全、且符合安全和环保要求。承包人提出申请，要求对该子目进行计量与支付。试问其要求是否成立？为什么？

3. 简述变更的估价原则。

4. 材料预付款的支付条件有哪些？监理工程师在将材料预付款计入进度付款证书中时应注意哪些问题？

考点 11　交工验收与缺陷责任期监理

一、单项选择题

1. 以下各备选项中，（　　）不是交工验收与缺陷责任期阶段监理的工作内容。
   A. 审查交工验收申请
   B. 签认交工结账证书
   C. 实施缺陷责任期的监理
   D. 组织交工验收
2. 经交工验收合格的工程，其实际交工日期以（　　）为准。
   A. 工程完成之日
   B. 承包人最终提交交工验收申请报告之日
   C. 签发交工验收证书之日
   D. 业主指定的日期

二、多项选择题

1. 监理工程师在审查施工单位提交的合同工程交工验收申请时，应重点审查（　　）。
   A. 合同约定内容完成情况
   B. 施工自检结果
   C. 工程数量核对情况
   D. 工程现场清理情况
   E. 施工人员及设备撤离现场情况
2. 下列各备选项中，（　　）属于公路工程竣工验收应具备的条件。
   A. 通车试运营 2 年后
   B. 合同约定的各项内容已完成
   C. 竣工文件已按交通部规定的内容完成
   D. 监理工程师对工程质量的评定合格
   E. 各参建单位已按交通部规定的内容完成各自的工作报告
3. 根据交通部的有关规定，公路工程验收可分为两个阶段，分别是（　　）。
   A. 完工验收　　B. 交工验收
   C. 试运行验收　　D. 竣工验收
   E. 中间交工验收
4. 下列各备选项中，（　　）属于公路工程交工验收的条件。

A. 合同约定的各项内容已完成

B. 监理工程师对工程质量的评定合格

C. 施工单位已按有关规定的要求对工程质量自检合格

D. 竣工文件已按交通部规定的内容编制完成

E. 工程决算已经审计并经主管部门认定

5. 监理工程师在缺陷责任期的监理工作包括（　　）。

A. 巡视检查已完工程

B. 检查承包人剩余工程的实施情况

C. 记录发生的工程缺陷，指示承包人进行修复

D. 对工程缺陷发生的原因、责任及修复费用进行调查、确认

E. 签发缺陷责任期终止证书、签认最后支付证书，编制监理工作报告

6. 以下各备选项中，（　　）属于监理单位在交工验收中应负责完成的工作。

A. 完成监理资料的汇总、整理

B. 核对工程数量

C. 科学公正地对工程质量进行评定

D. 检查已完工程是否与设计相符

E. 协助建设单位检查施工单位的合同执行情况

三、判断题

1. 交工验收证书颁发并移交管养后，承包人即不再负责对已交工的工程的照管和维护。（　　）

2. 交工验收是综合评价工程建设成果，对工程质量、参加单位和建设项目进行综合评价。（　　）

3. 经验收合格工程的实际交工日期，以向承包人签发交工验收证书的日期为准。（　　）

4. 对于有两个以上交工日期的工程而言，缺陷责任期应从最先交工的那个工程的交工日期起算。（　　）

5. 督促施工单位按合同规定完成竣工资料是监理工程师在缺陷责任期内实施监理的工作内容之一。（　　）

6. 提交监理工作报告，提供工程监理资料，科学公正地对工程质量进行评价是监理单位在交工验收中应负责完成的工作。（　　）

四、综合分析题

1. 简述公路工程交工验收应具备的条件。

2. 简述交工验收与缺陷责任期阶段监理工作的主要内容。

考点 12　工地会议与组织协调

一、单项选择题

1. 以下各种会议中，不是由监理工程师主持召开的是（　　）。

A. 第一次工地会议

B. 监理交底会

C. 专题工地会议

D. 设计交底会

2. 在第一次工地会议上，建设单位应宣布对监理工程师的授权，参建各方应介绍各自的人员、组织机构、职责范围等。第一次工地会议的主持人是（　　）。

A. 建设单位负责人　　B. 工程总指挥

C. 总监理工程师　　D. 质监站（局）负责人

3. 在第一次工地会议上，（　　）应宣布对监理工程师的授权。

A. 监理单位　　B. 建设单位

C. 交通主管部门　　D. 质监机构

4. 总监理工程师应在合同工程开工前主持召开由施工单位项目经理、技术负责人及相关人员参加的（　　），介绍监理计划的相关内容。

A. 第一次工地会议　　B. 监理交底会

C. 专题工地会议　　D. 听证会

二、多项选择题

1. 在施工过程中，监理工程师可采取的组织协调的手段与方法有（　　）。

A. 召开工地会议

B. 召开座谈会议

C. 签发监理指令

D. 对施工现场进行巡视

E. 邀请有关人员参观施工现场

2. 根据召开时间、内容及参加人员的不同，工地会议可分为（　　）几种形式。

A. 监理交底会　　B. 工地例会

C. 专题工地会议　　D. 第一次工地会议

E. 技术交底会

3. 下列各备选项中，属于第一次工地会议内容的是（　　）。

A. 各方应介绍各自的人员、组织机构、职责范围及联系方式

B. 施工单位应陈述开工的各项准备情况

C. 监理单位应就监理工作准备情况以及有关事项作出说明

D. 建设单位应就主要监理程序、质量和安全事故报告程序等进行说明

E. 总监理工程师应进行会议小结，明确施工准备工作还存在的主要问题及解决措施

4. 以下各备选项中，属于监理交底会内容的是（　　）。

A. 监理工作的范围和内容

B. 监理工作依据

C. 项目监理组织

D. 监理工作制度

E. 业主介绍开工条件

5. 根据《公路工程施工监理规范》（2006 年版）规定，以下各种会议，可以一起举行的是（　　）。

A. 工地例会

B. 第一次工地会议

C. 监理交底会

D. 专题工地会议

E. 设计交底会

三、判断题

1. 第一次工地会议是监理工程师检查承包人施工准备情况的一次会议。（　　）

2. 在第一次工地会议上，建设单位应宣布对监理工程师的授权。（　　）

3. 总监理工程师应在合同工程开工前主持召开监理交底会。建设单位负责人、施工单位项目经理、技术负责人及相关人员应参加监理交底会。（　　）

四、综合分析题

简述第一次工地会议的组织与内容。

考点 13　监理文件与资料

一、单项选择题

1. 以下文件与资料中，属于进度监理文件与资料的是（　　）。

A. 监理计划　　B. 工程延期的批准文件

C. 工程暂停令　　D. 监理抽检资料

2. 以下各备选项中，（　　）不是监理月报的内容。

A. 工程概述　　B. 监理收发的函件

C. 合同执行情况　　D. 工程质量、进度、支付状况

3. 根据有关规定，监理工程师应将工程进展情况、存在问题等，每月以工程监理月报的形式向（　　）报告。

A. 建设单位　　B. 上级监理机构

C. 质量监督机构　　D. 建设单位和上级监理机构

4. 在填写巡视记录时，当天发现的问题因故未及时处理的，应在处理完成之日及时补记。这句话是（　　）。

A. 错的　　B. 对的

C. 有时是对的　　D. 有时是错的

二、多项选择题

1. 监理文件与资料的内容包括（　　）。

A. 质量监理文件与资料

B. 进度监理文件与资料

C. 监理工作报告

D. 合同管理文件与资料

E. 监理月报

2. 质量监理文件与资料包括（　　）。

A. 质量监理措施

B. 试验检测资料

C. 监理抽检资料

D. 监理细则

E. 交工验收工程质量评定资料

3. 监理管理文件与资料包括（　　）。

A. 监理月报　　B. 监理细则
C. 监理工作报告　　D. 监理计划
E. 工地会议纪要

4. 为便于文件与资料的检索与检查，监理工程师应建立（　　）等各项台账。
A. 材料　　B. 进度
C. 测量　　D. 计量支付
E. 工程变更

5. 下列文件中，属于监理单位短期保管而属于建设单位长期保管的文件有（　　）。
A. 监理计划　　B. 监理细则
C. 质量事故报告及处理意见　　D. 专题总结
E. 月报总结

6. 以下各备选项中，属于监理工作报告内容的是（　　）。
A. 监理工作概况　　B. 工程质量评定情况
C. 设计变更情况　　D. 交工验收中存在问题及处理情况
E. 施工安全与文明施工情况

三、判断题

1. 质量监理措施是监理管理文件与资料的组成之一。（　　）
2. 建立各项台账是监理机构对文件与资料进行管理的一种重要管理手段。（　　）
3. 所有监理文件与资料都将被列入归档文件。（　　）
4. 监理工程师每月应向建设单位和上级监理机构提交监工作理报告。（　　）
5. 对设计单位和施工单位进行评价是监理工作报告的内容。（　　）

四、综合分析题

1. 简述工程监理月报的主要内容。
2. 简述监理工作报告的内容。

考点 14　公路机电工程监理的特殊要求

一、单项选择题

1. 国产机电工程的设备、材料进场时，监理工程师应要求施工单位提供生产厂方出具的产品检验合格证、出厂合格证和（　　）。

A. 使用手册

B. 商检部门的检验证书

C. 质量检验单

D. 数量清单

2. 国外进口的机电工程的设备、材料进场时，监理工程师应要求施工单位出具(　　)。

A. 厂家的质量检验单

B. 进口商的检验报告

C. 商检部门的检验证书

D. 施工单位的质量检验报告

3. 对施工现场不具备检测条件或无法进行现场检测的主要设备、材料，监理工程师应到生产厂家监督检测。监督检测频率不得低于（　　）。

A. 5%　　B. 15%

C. 25%　　D. 50%

4. 安装应用开发软件前，应在开发商实验室进行应用开发软件的测试。监理工程师主要进行系统功能测试和（　　）测试。

A. 软件运行稳定性　　B. 数据准确性

C. 技术指标　　D. 实用性

5. 在公路机电工程的系统检验测试时，监理的签证测试在施工单位技术人员的配合下，按（　　）的项目比例进行。

A. 20%　　B. 50%

C. 80%　　D. 100%

6. 在公路机电工程试运行期间，监理工程师应巡视系统的试运行情况，并做好记录。监理工程师应重点检查系统工作情况和（　　）。

A. 试运行人员的到位情况

B. 试运行人员的值班记录

C. 试运行人员的工作态度

D. 试运行人员的操作情况

二、多项选择题

1. 公路机电工程监理的内容和程序与公路土建工程的监理基本相同，只是增加了(　　)等几项机电工程监理特有的内容。

A. 设备、材料厂验

B. 应用软件开发监理

C. 施工安全监理

D. 审批系统测试大纲

E. 试运行阶段监理

2. 根据《公路工程施工监理规范》（2006 年版）的规定，公路机电工程试运行主要考查（　　）等。

A. 系统设备运行的稳定性

B. 系统设备运行的可靠性

C. 开发软件运行的稳定性

D. 开发软件运行的可靠性

E. 系统设备的适用性

三、判断题

1. 进场的计算机平台软件必须具有说明书、最终用户授权文件等。　（　　）

2. 现场系统检验测试可由监理工程师主持。受条件限制无法进行的单机测试项目，可使用厂验检测数据。　（　　）

3. 施工单位开发的应用软件应在机电工程试运行阶段进行测试。　（　　）

4. 公路机电工程系统检验测试的目的之一就是考验机电系统的可靠性和稳定性。　（　　）

考点15　施工监理招标投标

一、单项选择题

1. 根据有关规定，公路工程建设项目的施工监理合同估算价在（　　）万元人民币以上，或建设项目总投资额在（　　）万元人民币以上的，必须进行施工监理招标。

A. 30；2 000　　B. 50；3 000

C. 200；5 000；　　D. 100；3 000

2. 公路工程施工监理招标的宗旨是对监理单位（　　）的选择。

A. 报价　　B. 能力

C. 资历信誉　　D. 规模和经济实力

3. 下列公路工程项目，应当采用交通运输部颁布的《公路工程施工监理招标文件范本》编制招标文件的是（　　）。

A. 高速公路的附属工程

B. 一级公路的主体工程

C. 二级公路收费站

D. 三级公路的主体工程

4. 当监理企业以联合体方式投标的，由同一专业的监理单位组成的联合体，则联合体的资质等级按照（　　）来确定。

A. 资质等级较高的企业

B. 资质等级较低的企业

C. 任一个监理企业资质等级

D. 组成联合体企业的平均资质等级

5. 招标人允许监理单位以联合体方式投标的，联合体各方应当（　　），以约定各方拟承担的工作和责任。

A. 与建设单位分别签订投标协议

B. 与监理单位分别签订监理协议

C. 签订共同投标协议

D. 组建一个公司法人

6. 公路工程施工监理招标的招标人和中标人应当自中标通知书发出之日起（　　）日内订立书面合同。

A. 25　　B. 28

C. 30　　D. 35

7. 正常监理服务费用为（　　）。

A. 施工准备阶段监理服务的费用

B. 施工阶段监理服务的费用

C. 施工准备阶段、施工阶段的监理服务的全部费用

D. 施工准备阶段、施工阶段、交工验收及缺陷责任期阶段的监理服务全部费用

8. 对于公路工程施工监理招标而言，采用（　　）评标的项目，投标文件由商务文件、技术建议书组成。

A. 综合评标法

B. 最低评标价法

C. 固定标价评分法

D. 技术评分合理标价法

9. 公路工程施工监理招标采用技术评分合理标价法评标时，中标候选人应为（　　）。

A. 得分最低者为中标候选人

B. 得分前二名中的投标价较低者为中标候选人

C. 得分最高者为中标候选人

D. 得分前二名中的投标价较高者为中标候选人

10. 对于采用技术评分合理标价法评标的施工监理招标项目，监理投标文件由（　　）组成。

A. 商务文件和财务建议书

B. 技术建议书和财务建议书

C. 商务文件和技术建议书

D. 商务文件、技术建议书、财务建议书

11. 公路工程施工监理招标项目采用固定标价评分法评标时，其监理投标文件由（　　）组成。

A. 商务文件和财务建议书

B. 技术建议书和财务建议书

C. 商务文件和技术建议书

D. 商务文件、技术建议书、财务建议书

12. 下列因素中，对监理单位参加施工监理投标结果影响最大的是（　　）。

A. 财务建议书

B. 技术建议书

C. 监理单位的经济实力

D. 监理单位与业主的关系

13. 施工监理评标中的技术评审权值最大的是（　　）。

A. 监理大纲和措施

B. 对本工程重点、难点分析

C. 对本工程的建议

D. 监理设施和设备

二、多项选择题

1. 进行公路工程施工监理招标的公路工程项目，应当具备的条件有（　　）。

A. 建设资金已经落实

B. 初步设计文件应当履行审批手续的，已经批准

C. 施工招标已结束

D. 项目法人或者承担项目管理的机构已经依法成立

E. 征地拆迁工作已完成

2. 公路工程建设单位选择监理单位的方式有（　　）。

A. 公开招标　　B. 邀请招标

C. 建设单位直接委托　　D. 承包人聘请

E. 第三方推荐

3. 公路工程施工监理招标可采用的方式有（　　）。

A. 公开招标　　B. 议标

C. 邀请招标　　D. 直接委托

E. 半公开招标

4. 以下各备选项中，（　　）是监理招标文件的组成内容。

A. 投标人须知　　B. 监理规范

C. 合同通用条款　　D. 中标通知书

E. 监理组织机构

5. 参加公路工程施工监理投标的投标单位必须具备的基本条件主要有（　　）。

A. 具有较高的管理水平

B. 具有相应的施工监理资质等级证书

C. 社会信誉良好

D. 财务状况良好

E. 持有工商行政管理部门核发的企业法人营业执照

6. 公路工程施工监理服务费用由（　　）三个方面的监理费用组成。

A. 施工阶段监理服务费用

B. 正常监理服务费用

C. 附加监理服务费用

D. 交工验收与缺陷责任期阶段监理服务费用

E. 额外服务的费用

7. 以下各备选项中，（　　）与计算施工阶段监理服务费有关。

A. 专业调整系数
B. 浮动幅度值
C. 高程调整系数
D. 监理服务实际发生的工日数
E. 工程概算中的建安费

8. 公路工程施工监理合同文件的组成包括（　　）。

A. 合同通用条款　　B. 监理规范
C. 中标通知书　　D. 投标文件
E. 投标人须知

9. 根据有关规定，评标委员会完成评标后，应向招标人提交书面评标报告。评标报告应当包括内容有（　　）等。

A. 评标委员会的成员名单
B. 符合要求的投标人情况
C. 开标记录情况
D. 招标人对评标的要求
E. 评标采用的标准、评标方法

10. 公路工程施工监理招标中应对拟投标的监理单位进行资格审查，资格审查方法可分为（　　）。

A. 商务文件审查法　　B. 强制性条件审查法
C. 综合评分审查法　　D. 文件资料审查法

11. 公路工程施工监理招标的招标人应当对潜在投标人进行资格审查。资格审查方式可分为（　　）。

A. 资格后审　　B. 资格初审
C. 资格预审　　D. 资格终审
E. 资格自审

12. 公路工程施工监理投标竞争应坚持（　　）的原则。

A. 公开　　B. 公平
C. 公正　　D. 诚信
E. 守法

13. 建设单位通过招标竞争方式择优选择施工监理单位，应以（　　）为首要条件。

A. 管理水平　　B. 设备状况
C. 技术水平　　D. 社会信誉
E. 财务状况

14. 下列各备选项中，（　　）是监理财务建议书的组成内容。

A. 投标书
B. 投标保证金

C. 财务建议书递交函

D. 财务建议书说明

E. 监理服务费报价表

15. 监理财务建议书内所包含的监理服务费用的构成包括（　　）。

A. 正常服务费　　B. 现场费用

C. 附加监理服务费　　D. 不可预见费

E. 额外服务费

16. 施工监理招标的开标过程中，招标人发现一些投标人及投标文件中出现下列问题，则投标文件应判定为废标的有（　　）。

A. 正、副本份数不满足招标文件规定

B. 投标书中所述标段号与外包封的标段号不一致

C. 投标人没有参加开标会

D. 投标书未按照招标文件规定签署或加盖投标人公章

E. 投标书未填写投标报价（适用于固定标价评分法）

17. 公路工程施工监理招标可以使用的评标方法主要有（　　）。

A. 固定标价评分法

B. 技术评分合理标价法

C. 综合评标法

D. 法律、法规允许的其他评标方法

E. 最低评标价法

18. 公路工程施工监理评标中对技术建议书的评审，主要评审内容有（　　）。

A. 监理大纲和措施

B. 监理设施和设备

C. 对本工程重点、难点分析

D. 对本工程的建议

E. 监理工作范围

19. 根据有关规定，施工监理投标文件的组成包括（　　）。

A. 投标书　　B. 投标保证金

C. 工程量清单　　D. 技术建议书

E. 资格审查资料（或资格审查更新资料）

20. 公路工程施工监理投标文件中的技术建议书的内容包括（　　）。

A. 监理服务费报价表

B. 监理工作范围

C. 监理方案和措施

D. 监理单位业绩与信誉

E. 监理工作程序

21. 以下各备选项中，（　　）是监理技术建议书中应主要描述的内容。

A. 监理组织机构

B. 监理人员的组成及资质

C. 监理工作内容

D. 监理工作方法及措施

E. 拟投入的监理设备

三、判断题

1. 采用竞争性监理招标时，投标单位越多，对建设单位越有利。（　　）

2. 评价监理单位监理服务质量的高低，最终是看工程质量的好坏。（　　）

3. 公路工程施工监理招标，无论是采用公开招标还是邀请招标，均应对潜在投标人进行资格预审。（　　）

4. 公路工程施工监理招标中，投标人编制投标文件的时间，自发售招标文件之日起至提交投标文件截止之日止不得少于 30 天。（　　）

5. 交工验收与缺陷责任期阶段监理服务收费一般按监理服务工作所需工日和相关监理人员日监理服务费计算收费。（　　）

6. 在考虑费用的监理评标中，工程越复杂越重要，则费用在评标中占有的权重应越重。（　　）

7. 任何函件包括投标文件，在投标截止日期后送达，将不被接收。（　　）

8. 投标保证金的有效期限为提交投标保证金之日起 30 天。（　　）

9. 监理技术建议书应包含监理单位资质、业绩、财务状况等内容。（　　）

10. 工程任务越复杂，工程越重要，监理方案越难比较，费用对选择监理单位的影响就越大。（　　）

四、综合分析题

1. 简要说明在实行施工监理制度后监理单位和建设单位的合理分工。

2. 简述公路工程施工监理招标程序。

3. 简述监理投标文件的组成部分有哪些？其中最重要的部分是什么？

4. 简述监理技术建议书的内容。

第二部分　专项练习题参考答案及解析

考点1　基 本 知 识

一、单项选择题

1. **答案：**C

解析：项目的制约性是指每个项目都在一定程度上受到内在和外在条件的制约。项目只有在满足约束条件下获得成功才有意义。项目的制约性是决定一个项目成功与失败的关键特性。

2. **答案：**B

解析：任何一个项目都必须有明确的特定目标。项目因目标而存在，因目标产生管理，项目管理其实质就是目标控制，项目管理的核心任务就是项目的目标控制。因此，一般而言，项目的目标性是最重要和最需要项目管理者注意的特性。

3. **答案：**C

解析：我国的监理单位属于社会中介组织，它与施工单位不发生合同关系。它必须首先得到建设单位的委托和授权，才拥有代表建设单位对施工单位实施监理的职权。当然，建设单位在委托监理单位时，对其资质等级、服务能力等都会有具体的要求。

4. **答案：**D

解析：现阶段工程监理具有如下特点：（1）工程监理的服务对象具有单一性；（2）工程监理属于强制推行的制度；（3）工程监理具有监督功能；（4）工程监理实行市场准入的双重控制（对监理单位实行资质控制，对监理人员实行资格控制）。

5. **答案：**D

解析：施工监理制度的实质，就是树立监理工程师在工程项目施工管理中的核心地位，运用建设单位委托或合同所授予的各项权力，特别是工程计量支付签认权，从而有效地监控项目施工过程，保证合同的履行，以使工程建设的目标最合理地实现。

6. **答案：**D

解析：执行好监理制度就是要确保监理工程师有效行使各项职权，对工程质量、安全、环保、进度、费用实施有效的控制。监理工程师只有拥有工程费用支付的确认权与否决权，才能有效地行使其他各项职权，也才能对工程实施有效的监理。

7. **答案：**C

解析：改革开放以来，我国在基本建设领域推出了一系列的改革新举措，通过推行项目法人责任制、招标投标制、工程监理制、合同管理制等项改革举措，形成了以国家宏观监督调控为指导，项目法人责任制为核心，招标投标制和工程监理制为服务体系，合同管理制为手段的建设项目管理体制基本格局。

8. **答案：**C

解析：项目建议书是拟建项目单位向国家提出的要求建设某一具体工程项目的建议文件，是投资决策前对拟建项目的轮廓设想，是基本建设程序中的第一个阶段。项目建议书批准后，才可进行工程可行性研究。

9. **答案**：D

解析：根据有关规定，项目建议书被批准后，应由项目的投资方派代表组成项目法人筹备组，具体负责项目法人的筹备工作。在申报项目可行性研究报告时，需同时提出项目法人的组建方案，否则，可行性研究报告不被批准。

10. **答案**：B

解析：建设单位委托授权监理单位实施工程监理。监理单位依据施工合同所赋予的权力对施工单位的施工活动进行监理。因此，监理单位与施工单位之间的监理与被监理的关系是由施工合同确定的。

11. **答案**：A

解析：公路工程质量保证体系是“政府监督、法人管理、社会监理、企业自检”。

12. **答案**：B

解析：科学性是监理单位区别于其他一般服务性组织的重要特征，也是其赖以生存的重要条件。工程监理是一种高智能的技术服务活动，要求监理单位应当遵循科学准则。

13. **答案**：C

解析：全面质量管理的工作方法是按照“计划（P）—执行（D）—检查（C）—处理（A）”的管理循环不停顿地周而复始地运转。它反映了质量保证体系活动所应遵循的科学程序。

14. **答案**：D

解析：在全面质量管理PDCA每一循环中的A阶段（处理阶段）对检查出的问题能够解决的，立即采取措施加以解决；一时不能解决的，作为遗留问题，反馈到下一循环的P阶段，从而推动循环转动。因此，A阶段是推动循环转动的关键。

15. **答案**：D

解析：单项工程与单位工程的相同点：都具有独立的设计文件，都能独立的组织施工。不同点：单项工程建成竣工后能独立发挥生产能力和效益，而单位工程却不能。

16. **答案**：D

解析：单位工程是建设项目的组成部分，它是指在建设项目中，根据签订的合同，具有单独设计、可以独立组织施工、并可单独作为成本计算对象的部分。

17. **答案**：B

解析：《公路工程施工监理规范》（2006年版）第3.0.6条规定，公路工程施工监理可划分为施工准备、施工、交工验收与缺陷责任期三个阶段。

监理合同签订之日至合同工程开工令确定的开工之日为施工准备阶段。

合同工程开工之日至合同工程交工验收申请受理之日为施工阶段。

合同工程交工验收申请受理之日至缺陷责任期终止证书签发之日为交工验收与缺陷责任

期阶段。

18. **答案**：B

解析：按照《公路工程施工监理规范》（2006年版）的规定，监理合同的签订标志着监理工作的开始，缺陷责任终止证书的签发标志着监理工作的结束。因此，施工监理始于监理合同签订，止于缺陷责任终止证书签发。

二、多项选择题

1. **答案**：ABCE

解析：项目管理的主要特征主要包括以下四个方面：

（1）目标明确：项目管理的一切活动都要围绕特定的目标进行。项目管理的好坏，主要看项目目标的实现程度。

（2）项目经理负责制：项目管理十分强调项目经理个人负责制，项目经理是项目成功的关键人物。

（3）充分的授权保证系统：项目管理的成功必须以充分的授权为基础。

（4）具有全面的项目管理职能：项目管理的基本职能是计划、组织、指挥、协调和控制。

2. **答案**：ABDE

解析：建设项目管理的特征包括：（1）目标明确；（2）系统管理；（3）项目经理负责制和权责统一原则；（4）应用现代化的管理方法和技术手段；（5）在管理过程中实施动态控制。

3. **答案**：BCE

解析：工程监理的行为主体是监理单位，即由监理单位代表建设单位对施工活动进行监督管理。监理单位和施工单位是监理与被监理的关系，这种关系是由施工合同确定的。工程监理的实质是监理单位为建设单位提供专业化的技术服务。

4. **答案**：ACD

解析：由于工程项目具有社会公共产品的属性，工程项目的安全可靠，使用功能及施工质量直接涉及社会公共利益，因此，在实现三大目标时应优先予以保证。

5. **答案**：ABE

解析：实行工程监理制度的必要性主要包括：（1）是工程建设管理体制改革的需要；（2）是深化工程建设领域改革的需要；（3）是提高工程建设项目管理水平的需要；（4）是规范建设市场、发展市场经济的需要；（5）是扩大对外开放和与国际接轨的需要；（6）有利于我国建设领域中介服务业的发展。

6. **答案**：AC

解析：当前我国工程建设项目管理体制的基本格局是：（1）国家宏观监督调控为指导；（2）项目法人责任制为核心；（3）招标投标制和工程监理制为服务体系；（4）合同管

理制为手段。

7. **答案**：ABC

解析：按照交通运输部的有关规定，公路基本建设项目根据实际情况可采用以下设计方法：

（1）一阶段设计：即一阶段施工图设计。

（2）两阶段设计：包括初步设计和施工图设计。

（3）三阶段设计：包括初步设计、技术设计和施工图设计。

8. **答案**：ACDE

解析：公路工程项目后评价一般按三个层次组织实施，即项目法人的自我评价、项目行业的评价、计划部门（或主要投资方）的评价。项目后评价的主要内容包括以下四个方面：

（1）影响评价：对项目投产后对各方面的影响进行评价。

（2）经济效益评价：对项目投资、国民经济效益、财务效益、技术进步和规模效益、可行性研究深度等进行评价。

（3）过程评价：对项目的立项、设计施工、建设管理、竣工投产、生产运营等全过程进行评价。

（4）持续运营评价：对项目持续运营的预期效果进行评价。

9. **答案**：ABDE

解析：监理工程师所从事的监理工作是一项涉及面很广的高智能的技术服务工作，要求监理工程师应具有较为完善的、合理的知识结构。一般而言，监理工程师的知识结构主要包括四个方面：（1）技术；（2）管理；（3）经济；（4）法律。

10. **答案**：ABD

解析：公路工程质量保证体系为“政府监督、法人管理、社会监理、企业自检”。其中，政府监督的性质主要包括以下四个方面：（1）强制性；（2）执法性；（3）宏观性；（4）全面性。

11. **答案**：ACDE

解析：全面质量管理的基本点包括：（1）产品的质量就是其使用价值；（2）工程质量的好坏是由人的工作质量决定的，通过工作质量来保证工程质量；（3）实施全员参与、全过程管理、全方位管理；（4）一切以预防为主，防患于未然；（5）一切为用户着想，下道工序是用户；（6）一切凭数据说话、一切按程序办事。

12. **答案**：ABCD

解析：公路建设项目按其实物形态，可划分为单项工程、单位工程、分部工程、分项工程等不同的工程单元。

13. **答案**：ABCD

解析：分项工程是分部工程的组成部分。它是指在分部工程中，按照不同的施工方法、材料、工序及路段长度等来划分的若干个工程。

14. **答案**：ABE

解析：《公路工程施工监理规范》（2006 年版）第 3.0.6 条规定，施工监理阶段划分为施工准备、施工、交工验收与缺陷责任期三个阶段。

三、判断题

1. **答案**：√

解析：由于项目管理的核心任务是项目目标控制，因此，工程项目管理就是以目标控制为核心的管理。

2. **答案**：√

解析：所谓一次性是指项目实施和管理过程是一次性的。单件性则是指每个项目都要根据其使用功能，在选定的地点上单独设计和单独施工。项目设计和施工过程中的任何失误都将导致项目的重大损失。因此，项目的单件性和管理过程的一次性都为项目管理带来较大的风险。为了避免管理失误，就要靠科学的管理手段和方法，以保证项目一次性成功。

3. **答案**：√

解析：现阶段我国工程监理的特点之一，就是监理单位只能受建设单位的委托，只能为建设单位提供专业化的技术服务。监理单位不能接受施工单位的委托，对建设单位进行监督。从这个意义上说，可以认为我国的工程监理就是为建设单位服务的项目管理。因此，监理的服务对象具有单一性。

4. **答案**：×

解析：在实施公路工程施工管理所需的各项权力中，工程费用支付的签认权和否决权是最重要的一项权力。监理工程师只有拥有工程费用支付的签认权和否决权，才有可能有效地控制项目施工过程的每一个环节，也才能对质量、进度、费用等实施有效控制。因此，把对工程费用支付的签认权与否决权赋予给监理工程师，是执行好监理制度的关键。

5. **答案**：×

解析：实行项目法人责任制，是推行工程建设管理体制改革的关键，也是全面实行工程招标投标制、工程监理制和合同管理制的必要条件。

6. **答案**：×

解析：根据有关规定，项目建议书被批准后，即可组建项目法人筹备机构。工程可行性研究报告被批准后，应正式成立项目法人，并按项目法人责任制实行项目管理。

7. **答案**：×

解析：施工单位应按施工合同的约定接受监理单位的监管。施工监理合同是由建设单位和监理单位签订的，对施工单位没有约束力。

8. **答案**：×

解析：施工过程中所存在的各种问题的及时发现并顺利解决主要依赖于监理工程师广博的理论知识和丰富的实际工作经验。因此，作为一名监理工程师，仅有理论知识还不够，还必须要有一定的实际工作经验：或有多年的设计经验，或有丰富的施工经验，或有做过经济工作、管理工作的经历，要有较强的解决实际问题的能力。

9. **答案**：×

解析：工程监理具有公正性，当建设单位与施工单位发生利益冲突时，监理工程师应同时维护双方的合法利益。

10. **答案**：×

解析：评价监理单位为建设单位所提供的监理服务质量的高低，最终要看监理单位是否严格按合同实施监理，而不是看工程质量的好坏，因为，工程质量的好坏不完全取决于监理工作。

11. **答案**：×

解析：从全面质量管理的观点看，工程质量的好坏是由人的工作质量决定的。但人的工作质量不是决定工程质量的唯一因素，材料、设备、施工方法、施工环境等都会对过程质量产生影响。只管好人的工作质量，工程质量不一定有保证。

12. **答案**：×

解析：单位工程是单项工程中具有独立设计文件、可以独立组织施工并可单独作为成本计算对象的部分。单位工程一般不能独立发挥生产能力和效益。

13. **答案**：√

解析：公路工程施工监理阶段可划分为施工准备、施工、交工验收与缺陷责任期三个阶段。其中：

监理合同签订之日至合同工程开工令确定的开工之日为施工准备阶段。

合同工程开工之日至合同工程交工验收申请受理之日为施工阶段。

四、综合分析题

1. **答案**：

公路工程实行政府监督、法人管理、社会监理、企业自检的质量保证体系。

具体来说就是，交通运输主管部门及其所属的质量监督机构对工程质量负监督责任；项目法人对工程质量负管理责任；勘察设计单位对勘察设计质量负责；施工单位对施工质量负责；监理单位对工程质量负现场管理责任；试验检测单位对试验检测结果负责；其他从业单位和从业人员按照有关规定对其产品或者服务质量负相应责任。

2. **答案**：

施工单位建立完善质量自检体系的工作内容如下：

（1）确定质量控制的目标；（2）建立质量控制的组织机构；（3）配备称职的质量自检人员；（4）配备能满足要求的试验检测设备；（5）建立和采用标准、规范化的工作方法和工作制度。

3. **答案**：

（1）公路工程施工监理可划分为施工准备、施工、交工验收与缺陷责任期三个阶段。

监理合同签订之日至合同工程开工令确定的开工之日为施工准备阶段。

合同工程开工之日至合同工程交工验收申请受理之日为施工阶段。

合同工程交工验收申请受理之日至缺陷责任期终止证书签发之日为交工验收与缺陷责任期阶段。

（2）施工准备阶段监理准备工作的内容如下：①配备试验室设备；②熟悉合同文件；③调查施工环境条件；④编制监理计划；⑤编制监理细则；

施工准备阶段监理工作的内容如下：①参加设计交底；②审批施工组织设计；③检查保证体系；④审核工地试验室；⑤审批复测结果；⑥验收地面线；⑦审批工程划分；⑧确认场地占用计划；⑨核算工程量清单；⑩签发开工预付款支付证书；⑪召开监理交底会；⑫召开第一次工会议；（⑬签发合同工程开工令。

（3）交工验收与缺陷责任期阶段监理工作的内容如下：①审查交工验收申请；②评定工程质量与编制监理工作报告；③参加交工验收；④签认交工结账证书；⑤进行缺陷责任期的监理；⑥签发缺陷责任期终止证书；⑦签认最后支付证书；⑧参加工程竣工验收。

考点2　监理工程师与监理单位

一、单项选择题

1. **答案：**B

解析：根据《公路水运工程监理企业资质管理规定》（2004年6月30日　交通部令第5号）的有关规定，公路工程分级标准如下。

（1）一类公路工程：高速公路；一类桥梁工程：特大桥；一类隧道工程：特长隧道、长隧道。

（2）二类公路工程：高速公路路基工程及一级公路；二类桥梁工程：大桥、中桥；二类隧道工程：中隧道。

（3）三类公路工程：一级公路路基工程及二级以下各级公路；三类桥梁工程：小桥、涵洞；三类隧道工程：短隧道。

2. **答案：**D

解析：《建设工程质量管理条例》规定，工程监理单位超越本单位资质等级承揽工程监理业务的，责令停止违法行为，并处监理合同约定的监理酬金1倍以上2倍以下的罚款；可以责令停业整顿，降低资质等级；情节严重的，吊销资质证书；有违法所得的，予以没收。

3. **答案：**A

解析：《建设工程质量管理条例》第72条规定：监理工程师因过错造成质量事故的，责令停止执业1年；造成重大质量事故的，吊销执业资格证书，5年以内不予注册；情节特别恶劣的，终身不予注册。

4. **答案：**D

解析：根据《公路工程施工监理规范》（2006年版）的规定，专业监理工程师应具有相应专业的中级或高级技术职称、取得交通运输部专业监理工程师资格证书，同类工程三年以上监理经历。

5. **答案：**C

解析：监理单位作为以营利为目的的社会经济组织，其经营活动主要就是从事工程监理活动。监理单位在从事工程监理活动时，应当遵循“守法、诚信、公正、科学”的基本准则。

6. **答案：**C

解析：在所给的备选项中，只有“不泄露与监理工程有关的需要保密的事项”既是监理工程师职业道德准则中的要求，又在监理合同中明确规定。因此，它既属于监理工程师职业道德，又属于监理工程师义务。

7. **答案：**A

解析：施工合同是监理工作的主要依据，而且在施工合同条款中对工程分包有明确的规定。因此，监理工程师应按合同规定对工程分包进行审查，并报业主批准。

二、多项选择题

1. **答案：**ABCE

解析：监理企业是以营利为目的社会经济组织。根据我国《公司法》的有关规定，工程监理企业的组织形式有五种：（1）公司制监理企业；（2）个人独资监理企业；（3）合伙制监理企业；（4）中外合资经营监理企业；（5）中外合作经营监理企业。

其中，公司制监理企业又可分为监理有限责任公司和监理股份有限公司。

2. **答案：**BC

解析：根据《公路水运工程监理企业资质管理规定》（2004 年 6 月 30 日　交通部令第 5 号）有关公路工程监理业务分级标准的规定，一类桥梁工程包括：特大桥；二类桥梁工程包括：大桥、中桥；三类桥梁工程包括：小桥、涵洞。

3. **答案：**ABDE

解析：根据《公路水运工程监理企业资质管理规定》（2004 年 6 月 30 日　交通部令第 5 号）有关公路工程监理业务分级标准的规定，一类隧道工程包括：特长隧道、长隧道；二类隧道工程包括：中隧道；三类隧道工程包括：短隧道。

4. **答案：**ABCE

解析：《建设工程质量管理条例》第 62 条规定，工程监理单位转让工程监理业务的，责令改正，没收违法所得，处合同约定的监理酬金 25% 以上 50% 以下的罚款；可以责令停业整顿，降低资质等级；情节严重的，吊销资质证书。

5. **答案：**ACDE

解析：工程监理是一种高智能的专业化技术服务工作，也是一项综合的管理工作，要求监理工程师必须具备以下素质：（1）具有较高的理论水平和全面合理的知识结构；（2）具有较高的专业技术水平；（3）具有丰富的工程建设实践经验；（4）具有高尚的职业道德和良好的敬业精神；（5）具有较强的组织协调能力和良好的合作精神；（6）具有健康的身心和体魄。

6. **答案：**AC

解析：监理工程师的法律责任是建立在法律法规和监理合同的基础上。因而，监理工程师所承担的法律责任主要是基于两方面的原因，一是违反法律法规的行为（违法行为）；二是违反合同约定的行为（违约行为）。

7. **答案：**BD

解析：作为从事公路工程施工监理工作的监理工程师，其资格应包括两个方面：一是通过考试取得监理工程师的执业资格；二是通过岗位登记取得监理工程师岗位资格。换句话说，只有同时取得这两个资格才能从事公路工程施工监理工作。

8. **答案：**ABDE

解析：根据《公路工程施工监理规范》（2006 年版）第 3.0.2 条的规定，总监理工程师应具有相应专业的高级技术职称、取得交通运输部监理工程师资格证书、五年以上的现场工程监理经历、担任过两项以上同类工程的总监或驻地职务。

9. **答案：**BCDE

解析：各行各业都有自己的道德规范，这些规范是由职业特点决定的。为了确保公路工程监理事业的健康发展，工程监理单位和监理工程师也应遵守监理行业的职业道德准则，例如：（1）监理工程师不得接受建设单位所支付的监理酬金以外的报酬以及任何形式的回扣、提成、津贴或其他间接报酬。同时，也不得接受施工单位的任何好处，以保持监理工程师的廉洁性。（2）不为所监理的工程项目指定承包人、建筑材料、设备和构配件，不得经营或参与经营承包施工，也不得参与采购、营销设备和材料，也不得在政府部门、施工单位和设备、材料供应单位任职或兼职。（3）不得以个人名义承揽监理业务；不同时在两个或两个以上监理单位登记（注册）和从事监理活动。

10. **答案：**ACDE

解析：审批分项工程的施工组织及人员属于质量监理方面的职责。

审批总体施工进度计划签发合同工程开工令、监督检查进度计划的执行情况、编制并提交监理月报均属于进度监理方面的职责。

三、判断题

1. **答案：**×

解析：经监理工程师执业资格考试合格，持有交通运输部监理工程师执业资格证书表明持证人已取得从事工程监理的执业资格，并不意味着已取得监理工程师岗位资格。只有按规定进行了岗位登记，这才意味着已取得监理工程师岗位资格。

2. **答案：**×

解析：《建筑法》、《建设工程质量管理条例》等法律赋予监理工程师多项签字权，并明确规定了监理工程师的多项职责，从而使监理工程师执业有了明确的法律依据，同时，监理合同也赋予了监理工程师相应的权利与义务，从而确立了监理工程师作为专业人士的法律地位。因此，监理工程师的法律地位是由国家法律法规确定的，并建立在监理合同的基础上。

3. **答案：**√

解析：从监理工程师的概念及《公路、水运工程监理工程师资质管理办法》（交通部交基发〔1996〕29 号）第 3 条、第 4 条的规定中可推知，监理工程师是一种岗位职务，其资格是一种执业资格。由此可知，想要成为监理工程师应首先通过考试取得执业资格，然后再通过岗位登记取得岗位资格。

4. **答案：** ×

解析： 在从事监理服务工作中，监理工程师了解和掌握的有关建设单位的情报资料，必须严格保密，不得泄露。监理工程师要为建设单位严格保密，这也是监理工程师在职业道德准则所要求的。

5. **答案：** √

解析： 建设工程属于劳动密集型行业，从业人员数量多、素质低，影响安全生产因素多，因此，施工单位在安全生产中处于核心地位。施工单位应建立安全生产责任制，施工单位的负责人依法对本单位的安全生产工作负责。

四、综合分析题

1. **答案：**

监理工程师应具备如下基本素质：

（1）具有较高的理论水平；（2）具有较高的专业技术水平；（3）具有合理的知识结构；（4）具有丰富的工程建设实践经验；（5）具有高尚的职业道德和良好的敬业精神；（6）具有较强的组织协调能力和良好的协作精神；（7）具有较高的外语水平和涉外工作经验；（8）具有健康的体魄和充沛的精力。

2. **答案：**

（1）监理工程师应享有的权利如下：

①使用监理工程师名称；

②依法自主执行监理业务；

③依法签署工程监理相关文件；

④法律、法规赋予的其他权利。

（2）监理工程师应履行的义务如下：

①遵守法律、法规，严格依照合同和相关的技术标准开展监理工作；

②恪守职业道德，维护社会公共利益；

③在执业中保守委托单位的商业秘密；

④不得同时受聘于两个及以上监理单位单位执行监理业务；

⑤不得出借、出租《监理工程师执业资格证书》；

⑥接受职业继续教育，不断提高业务水平。

3. **答案：**

（1）总监理工程师的资格条件：①应具有相应专业的高级技术职称；②取得交通运输部监理工程师资格证书；③五年以上的现场工程监理经历；④担任过两项以上同类工程的总监或驻地职务。

（2）驻地监理工程师的资格条件：①应具有相应专业的中级或高级技术职称；②取得交通运输部监理工程师资格证书；③同类工程三年以上监理经历。

（3）专业监理工程师的资格条件：①应具有相应专业的中级或高级技术职称；②取得交通运输部专业监理工程师资格证书；③同类工程三年以上监理经历。

（4）监理员的资格条件：①应具有相应专业的初级以上技术职称；②经监理业务培训并取得监理培训结业证书；③一年以上的工程及相关专业实际工作经历。

4. 答案：

监理工程师受建设单位的委托，享有合同约定的权力。监理工程师在行使下列权力前，需要经建设单位事先批准：

（1）同意分包本工程的非主体和非关键性工作；（2）确定不利物质条件下产生的费用增加额；（3）发布开工通知、暂停施工指示和复工通知；（4）决定工期延长；（5）审查批准技术规范和设计的变更；（6）发出变更指示；（7）确定变更工作的单价；（8）决定暂列金额的使用；（9）确定暂估价金额；（10）确定费用索赔的金额。

考点3　工程监理组织

一、单项选择题

1. **答案**：B

解析：组织中的管理层次通常可分为四个层次：决策层、协调层、执行层、操作层。其中，决策层的任务是确定管理组织目标和大政方针以及实施计划。它必须精干、高效，当然人数最少。操作层的任务是从事操作和完成具体活动内容，所需要的人数最多。事实上，从决策层→协调层→执行层→操作层权力逐渐减小，而人数逐渐增大。

2. **答案**：A

解析：在工程项目承发包的各种组织模式中，平行承发包模式中的合同数量最多，涉及承包人数量多，组织协调的对象和内容多，组织协调工作量当然最大。

3. **答案**：C

解析：在平行承发包模式中，各个承包人之间也存在着质量相互监督的关系，再加上每个承包人自身的质量控制和监理工程师的质量控制，当然对质量控制最有利。

4. **答案**：A

解析：监理机构是监理单位在施工现场组建的实施监理服务活动的项目管理机构。项目目标控制是监理机构各项工作的中心任务。目标是组织存在的前提，是组织活动的出发点和落脚点。组织机构设置的根本目的，是为了产生组织功能，确保系统目标的实现。因此，建立监理机构的前提是首先要有明确的监理目标。

5. **答案**：D

解析：直线式组织的优点是结构简单、权力集中、命令统一、职责分明、决策迅速、指挥灵便、隶属关系明确。缺点是结构呆板、专业分工差、横向联系困难、对高层管理者要求太高等。

6. **答案**：B

解析：配备必要的监理设施及设备是完成合同约定的监理服务内容的重要的条件。这也反映了监理单位的装备水平和对监理工作的理解，而且在其监理投标书中也明确提出监理设施及设备的配备。因此，监理工作所需的监理设施及设备应由监理单位配备。监理单位在监理投标报价时，应在其所报监理费用中包含这些设施及设备的折旧费、使用费和维护费等。

7. **答案**：D

解析：监理机构是指由监理单位派出并代表监理单位履行监理合同的现场监理组织。《公路工程施工监理规范》（2006 年版）第 3. 0. 1 条规定，一级监理机构，即总监理工程师办公室；二级监理机构，即总监理工程师办公室和驻地监理工程师办公室。

8. **答案**：D

解析：影响项目监理机构所需配备监理人员数量的因素主要有：工程建设强度、工程复杂程度、工程类别、监理机构组织结构形式与职能分工等。

二、多项选择题

1. **答案**：ABCD

解析：组织结构的基本模式有四种：直线式、职能式、直线—职能式和矩阵式。

2. **答案**：ACD

解析：平行承发包模式的主要优点是：（1）有利于缩短工期；（2）有利于质量控制；（3）有利于选择承建单位。主要缺点是：（1）合同数量大、合同管理困难；（2）组织协调工作量大；（3）投资控制难度大。

3. **答案**：ACE

解析：工程项目总承包模式的优缺点有：（1）合同关系简单；（2）协调工作量较小；（3）对进度控制有利；（4）对投资控制有利；（5）招标发包工作难度大；（6）业主择优选择承包人范围小；（7）质量控制难度大。（8）建设单位主动性受到限制，处理问题的灵活性受到影响。

4. **答案**：ABD

解析：监理单位与建设单位签订监理合同后，在实施工程监理之前，应在施工现场组建项目监理机构。项目监理机构的组织形式和规模，应根据监理合同规定的监理服务内容、服务期限、工程项目组成（工程类别）、工程规模、技术复杂程度、现场条件（工程环境）等因素确定。

5. **答案**：ABCD

解析：工程项目监理机构的组织模式是指项目监理机构所采用的组织结构模式，它可以用组织结构图来描述。监理机构的组织（结构）模式一般分为：直线式模式、职能式模式、直线—职能式模式和矩阵式模式四种。

6. **答案**：AC

解析：直线式和直线—职能式的共同特点之一，就是在组织活动中所有命令都只能来自于指挥系统，体现了集中领导、统一指挥的优点，都具有命令源唯一的特点，符合统一指挥的原则。

7. **答案**：ABDE

解析：监理仪器、设备和设施一般应包括以下几方面：（1）试验检测设备。（2）测量仪器和设备。（3）交通工具及通信设施。（4）照相、摄像器材。（5）办公和生活设施等。

8. **答案**：AB

解析：监理机构可划分为一级监理机构和二级监理机构。因此，对应于总监办和驻地办，监理试验室即可分为总监办中心试验室和驻地办试验室。

9. **答案**：BC

解析：《公路工程施工监理规范》（2006 年版）第 3. 0. 1 条规定，公路工程施工项目可根据工程规模、难易程度、合同工期、现场条件等因素设置一级监理机构或二级监理机构。

10. **答案**：ABCE

解析：监理机构组织形式和规模的确定应考虑的因素主要包括：监理合同规定的监理服务内容、服务期限（合同工期）、工程项目组成、工程规模、技术复杂程度、现场条件等。

11. **答案**：ABD

解析：项目监理机构所配备的监理人员应具有合理的结构，其内容包括以下三个方面：（1）合理的专业结构。（2）合理的技术职称结构。（3）合理的年龄结构。

三、判断题

1. **答案**：×

解析：直线式组织结构的基本特点是组织内部不设置职能部门，专业分工差，不利于发挥专业人员的特长，处理专门性问题水平不高。

2. **答案**：×

解析：采用总承包模式的工程项目，建设单位只与总承包单位签订一个合同，合同关系简单。但合同内容多而复杂，合同条款不易准确确定，容易造成合同争议。因此，合同管理和组织协调工作的难度一般较大。

3. **答案**：×

解析：在工程项目总承包模式下，建设单位只和总承包单位签订一个合同。因此，建设单位只宜委托一家监理单位进行监理。在该模式下，即便是有分包，分包单位也只和总承包单位签订分包合同。这时，建设单位也不能委托监理单位对分包单位进行监理。

4. **答案**：×

解析：直线—职能式组织模式的特点之一是设置两套系统，一套是按命令统一原则设置的组织指挥系统，他们可以对下级下达命令；另一套是按专业化原则设置的组织职能系统，他们是指挥人员的参谋，只能对下级进行业务指导，不能下达命令。

5. **答案**：√

解析：按照讲究实效、节约资源的原则，监理试验可只包括土工、水泥及水泥混凝土、钢筋原材及焊接、沥青及沥青混凝土、路面基层材料等常规试验项目。对于钢绞线、锚具、防水、伸缩缝、支座等一些特殊材料，可由建设单位单独委托有资质的第三方试验。建设单位可以将监理试验全部或部分委托有资质的第三方承担，具体承担形式可由建设单位和监理单位在监理合同中约定。

6. **答案：** ×

解析：一级监理机构就是在组建项目监理机构时只设置项目总监理工程师办公室。

四、综合分析题

1. **答案：**

（1）该监理单位应设置二级监理机构。

（2）监理机构组织形式和规模的确定应考虑的因素主要包括：监理合同规定的监理服务内容、服务期限、工程项目组成、工程规模、技术复杂程度、现场条件等。

（3）设置项目监理机构一般按以下步骤进行：

①确定工程监理目标；

②确定监理工作内容；

③进行监理机构的组织结构设计；

包括：a. 确定监理机构的组织结构模式；b. 确定管理层次和管理跨度；c. 设置监理机构中各职能部门；d. 制定岗位职责与考核要求；e. 配备监理人员。

④制定监理工作流程。

（4）常见的监理组织结构模式有直线式、职能式、直线—职能式、矩阵式四种。

（5）若想建立具有能体现专业化分工特点、人才资源分配方便、有利于发挥人员的专业特长、处理专门性问题水平高的监理组织机构，应选择职能式组织结构模式。

2. **答案：**

高速公路、一级公路工程每年每 5 000 万元建安费宜配备交通运输部核准资格的监理工程师 1 名；独立大桥、特长隧道工程每年每 3000 万元建安费宜配备交通运输部核准资格的监理工程师 1 名。根据工程特点和实际需要，上述配置可在 0. 8 ~ 1. 2 的系数范围内调整。其他监理人员的数量可根据工程具体情况适当配备。

高速公路机电工程，每 50km 每系统宜配备交通运输部核准资格的监理工程师 1 名，根据工程情况，如系统复杂或隧道机电工程内容较多，可适当增加。

如遇重大工程变更等情况，上述人员配备应根据需要进行调整，并就工程内容的变化、人员的调整事宜签订补充合同。

总监办应配备 1 名总监理工程师和若干名专业监理工程师。驻地办应根据工程复杂程度配备 1 ~ 2 名驻地监理工程师和若干名专业监理工程师。

考点4　风险管理及目标控制

一、单项选择题

1. **答案：**C

解析：风险指的是损失的不确定性，对于工程项目管理而言，风险是指可能出现的影响项目目标实现的不确定因素。

2. **答案：**D

解析：工程项目管理的目标就是控制和实现项目目标，因此，作为项目管理主要内容之一的风险管理，其目标应和项目管理目标一致，也就是通过采取正确的对策控制风险，减少风险的危害程度，使项目目标得到控制和实现。

3. **答案：**B

解析：在建设工程的实施过程中，如果提高工程质量标准，则需要使用更好的材料、设备，采取更严格的控制措施，增加更多的控制环节，一般会导致投资增加，工期延长。

4. **答案：**B

解析：目标控制就是指管理人员按照计划目标和组织系统，对系统各个部分进行跟踪检查，来衡量计划目标完成的情况，预防和纠正计划执行中可能发生或已经发生的偏差，以保证计划目标得以实现的管理活动。

5. **答案：**C

解析：动态控制是按照事先拟定的计划进行的，因此，提倡主动控制为主，辅之以被动控制的方法。

6. **答案：**D

解析：工程监理主要是对工程项目实施的监督管理，对项目目标进行有效的控制，以确保实现项目目标。而控制指的就是目标控制。

二、多项选择题

1. **答案：**AE

解析：所谓风险是指实际结果与预期目标之间的差异，或与出现损失有关的不确定性。任何风险都有两个基本要素：（1）风险因素发生的不确定性；（2）风险发生带来的损失。

2. **答案：**ABE

解析：风险管理的基本流程是：风险识别（风险的预测和识别）→风险评价（风险的分析和评价）→风险对策决策（风险控制对策的规划和决策）→风险对策的实施（风险

控制对策的执行）→检查与监控。

3. **答案：**ABCD

解析：风险转移可分为：非保险转移（合同转移）和保险转移两种形式。其中，非保险转移（合同转移）主要有三种情况：工程分包、合同转让、第三方担保（工程担保）等。

4. **答案：**ACD

解析：考虑到建设工程项目的社会属性，根据实际需要和可能而确定的质量标准（包括使用功能、安全可靠和施工质量合格等）必须优先予以保证，并要求最终达到目标系统最优。

5. **答案：**ABCDE

解析：目标控制方法可以分成许多类型，例如按照控制措施制订的出发点，可分为主动控制和被动控制；按照控制措施作用于控制对象的时间，可分为事先控制、事中控制和事后控制；按照控制信息的来源，可分为前馈控制和反馈控制等。这些控制方法对于监理而言都是必不可少的。

6. **答案：**BD

解析：按照控制措施制订的出发点，控制可分为主动控制和被动控制。

拟定和采取有针对性的预防措施，从而减少或避免目标偏离，就是主动控制；而针对已出现的偏差，拟定纠偏措施，以使偏差得以纠正就是被动措施。

7. **答案：**AB

解析：控制是一定的行为主体为实现一定的目标而采取的一种行为。要实现最优化控制，必须首先满足两个条件：一是要有一合格的主体；二是要有明确的系统目标。

8. **答案：**BCDE

解析：公路工程施工监理的目标是，以合同为依据，采取技术、经济、组织、合同等措施，对工程质量、施工安全、施工环境保护、进度、费用实施有效的监理，从而确保工程项目总体目标最合理的实现，使之达到合同文件规定的要求。

三、判断题

1. **答案：**×

解析：工程保险并不能转移建设工程的所有风险。一方面是因为存在不可保风险，另一方面则是因为有些风险不宜保险。因此，对于建设工程风险，应将工程保险与风险回避、损失控制和风险自留结合起来运用。

2. **答案：**×

解析：所谓主动控制，是指在预先分析各种风险因素及其导致目标偏离的可能性和程度的基础上，拟定和采取有针对性的预防措施进行控制，从而减少乃至避免目标偏离，以保证计划目标得以实现的控制方式。

如果工程施工中出现了问题，则无论是否主动提出纠正措施，都属于被动控制。

3. **答案**：×

解析：针对计划目标执行过程中出现的偏差，是否需要立即采取措施予以纠正，这关键要看该偏差对项目目标的实现是否会产生影响。如果偏差在允许范围内，对目标的实现没有影响，则可以不调整；反之，如果偏差已超过允许范围，对目标的实现会产生影响，则必须予以调整。

4. **答案**：×

解析：工程监理对建设项目目标的实现所起的作用是监督和促进。因为监理工程师不直接承担建设项目施工建造，他只是一个外部的监控主体。建设项目目标能否实现，这关键取决于施工单位的施工组织管理。因此，监理工程师无法保证项目目标的实现。

四、综合分析题

1. **答案**：

（1）风险管理的流程如下：①风险的预测和识别；②风险的分析和评价；③风险控制对策的规划和决策；④风险控制对策的实施；⑤检查与监控。

（2）风险控制对策有以下三种基本形式：

①风险控制处理

风险控制处理对策主要有：a. 风险回避；b. 损失控制（损失控制可分为预防损失和减少损失两种）；c. 风险分散。

②风险自留

风险自留可分为两种基本形式：a. 计划性风险自留；b. 非计划性风险自留。

③风险转移

风险转移有两种基本形式：

a. 保险转移（工程投保）。

b. 非保险转移。非保险转移包括：合同转移、第三方担保、合同转让或工程分包。

2. **答案**：

（1）公路工程施工监理的目标是，以合同为依据，采取技术、经济、组织、合同等措施，对工程质量、施工安全、施工环境保护、进度、费用实施有效的监理，从而确保工程项目总体目标最合理的实现，使之达到合同文件规定的要求。

（2）工程项目的质量、进度和费用三大目标之间是对立统一的关系，既有对立的一面，又有统一的一面，既相互影响、相互制约，又相互联系、相互促进，构成了一个既相互统一又相互矛盾的目标系统。

对于一个工程项目的三大目标之间，一般不能说哪个最重要。同一项目在不同的时期，不同条件下，目标的重要程度是不同的，在工程建设实践中，要根据具体情况分析，确定目标的重要性。

只有确定了质量、进度和费用目标值，监理单位才能对工程项目进行有效的监督管理。

在正确处理三大目标关系时，应注意以下几点：

（1）在确定各目标值和对各目标值施控时，不能片面追求、孤立考虑，都要考虑对其他目标的影响，力求三者的统一。

（2）要正确把握在各种条件下、在不同时期三大目标的重要性顺序，抓住主要矛盾，达到目标系统的整体优化。

（3）根据实际需要和可能而确定的质量标准（包括使用功能、安全可靠和施工质量合格等）必须优先予以保证，并要求最终达到目标系统最优。

3. **答案：**

动态控制的要点如下：

（1）控制是一定的行为主体为实现一定的目标而采取的一种行为。要实现最优化控制，必须首先满足两个条件：一是要有一合格的主体；二是要有明确的系统目标。

（2）控制是按事先拟定的计划目标值进行的。控制活动就是检查实际发生的情况与计划目标值是否存在偏差，偏差是否在允许范围之内，是否应采取控制措施及采取何种措施以纠正偏差。

（3）控制的方法是检查、分析、监督、引导和纠正。

（4）控制是针对被控系统而言的，既要对被控系统进行全过程控制，又要对其所有要素进行全面控制。

（5）控制是动态的，是一个有限的循环过程。

（6）提倡主动控制为主，辅之以被动控制的方法。

（7）控制是一个大系统，其中包括组织、程序、手段、措施、目标、信息等多个分系统。其中信息分系统贯穿于项目实施的全过程。

工程项目在实施过程中是不断变化时，所以工程项目的控制就是动态控制。

考点 5　施工准备阶段监理

一、单项选择题

1. **答案**：D

解析：《公路工程施工监理规范》（2006 年版）第 4. 2. 6 条规定，工程开工前，监理工程师应监督施工单位在原始地面线未被扰动前测定地面线，并对测定结果进行抽测。抽测频率应能判定施工单位测定结果是否真实可靠，且不低于施工单位测点的 30%。

由上述规定可知，监理工程师的抽测点数至少应为：500×30% =150（个）。

2. **答案**：B

解析：《公路工程施工监理规范》（2006 年版）第 4. 2. 2 条规定，在工程开工前，总监理工程师应在合同规定的期限内及时审批施工单位提交的施工组织设计。

具体地讲，施工组织设计的审批程序为：各施工合同段的施工组织设计首先应由合同段驻地监理工程师和专业监理工程师审核并提出审核意见，然后由总监办专业监理工程师审核后由总监理工程师审核批准。

3. **答案**：B

解析：根据《公路工程施工监理规范》（2006 年版）第 4. 2. 11 条规定，总监理工程师应在合同工程开工前主持召开由施工单位项目经理、技术负责人及相关人员参加的监理交底会，介绍监理计划的相关内容。

4. **答案**：B

解析：《公路工程施工监理规范》（2006 年版）第 4. 2. 7 条规定，总监理工程师应在总体工程开工前对施工单位提交的分项、分部、单位工程划分予以批复并报建设单位备案。

5. **答案**：D

解析：监理计划应由总监理工程师主持编制，经监理单位技术负责人审核批准后执行。如果合同有约定，还应报建设单位批准。

二、多项选择题

1. **答案**：ABDE

解析：《公路工程施工监理规范》（2006 年版）第 4. 1 条规定，施工准备阶段，监理机构自身的准备工作内容主要有五项：（1）配备试验室设备；（2）熟悉合同文件；（3）调查施工环境条件；（4）编制监理计划；（5）编制监理细则；

本题备选项 C 参加设计交底为施工准备阶段监理工作的内容之一。

2. **答案**：CDE

解析：根据《公路工程施工监理规范》（2006年版）第4.2.3条的规定，施工准备阶段监理工程师应检查承包人保证体系的建立、到位和落实情况。承包人的保证体系是指以下三个体系：（1）质量保证体系；（2）施工安全生产管理体系；（3）施工环境保护管理体系。

3. **答案**：ABCD

解析：监理细则的主要内容有：（1）专业工程或合同事项的特点；（2）专业工程或合同事项的监理工作程序；（3）专业工程或合同事项的监理要点及目标值；（4）监理工作的方法、手段及措施。

4. **答案**：ABDE

解析：编制监理细则的依据主要包括：（1）监理合同、施工合同；（2）已批准的监理计划；（3）设计文件与图纸；（4）工程建设相关的标准、规范、规程；（5）监理工程师批准的施工组织计划和技术措施与施工方案；（6）工程建设相关的原材料、半成品、构配件的使用技术说明，工程设备的安装、调试、检验等技术资料。

三、判断题

1. **答案**：×

解析：施工准备阶段监理机构的工作主要包括两个方面，即监理机构自身的准备工作和监理工作。由《公路工程施工监理规范》（2006年版）第4.1条的规定可知，施工准备阶段监理准备工作内容之一就是编制监理计划。

2. **答案**：×

解析：审批施工组织设计是施工准备阶段监理工作的主要内容之一。施工组织设计的审批程序是这样的：各施工合同段的施工组织设计及总体进度计划首先应由驻地监理工程师和专业监理工程师审核并提出审核意见，然后再报由总监办专业监理工程师审核后由总监理工程师审核批准。

3. **答案**：×

解析：由《公路工程施工监理规范》（2006年版）第2.0.8条可知，监理计划是由总监理工程师主持编制、在监理合同期内开展监理工作的指导性文件。

4. **答案**：√

解析：已批准的监理计划和施工组织设计都是编制监理细则的主要依据。因此，监理细则应根据已批准的监理计划进行编制，并与监理工程师批准的施工组织设计相呼应。

四、综合分析题

1. **答案**：

根据《公路工程施工监理规范》（2006年版）第4.2条的规定，施工准备阶段监理工作的主要内容如下：

（1）参加设计交底；（2）审批施工组织设计；（3）检查保证体系；（4）审核工地试验室；（5）审批复测结果；（6）验收地面线；（7）审批工程划分；（8）确认场地占用计划；（9）核算工程量清单；（10）签发开工预付款支付证书；（11）召开监理交底会；（12）召开第一次工地会议；（13）签发合同工程开工令。

2. **答案：**

监理计划的内容构成如下：

（1）工程项目概况；（2）监理工作依据；（3）监理工程与监理服务范围；（4）监理工作内容；（5）监理工作目标；（6）项目监理机构（包括监理机构的组织形式、监理机构各部门及人员岗位职责、项目监理机构的人员配备及进退场计划）；（7）监理工作程序及表格；（8）监理工作方法及措施；（9）监理工作制度；（10）监理设施；（11）监理设备的配备及进退场计划；（12）其他。

监理计划内容的针对性要求是：监理目标明确、监理措施有效、监理程序合理、监理工作制度健全、监理机构及监理人员职责分工清楚，对监理工作有指导性。

3. **答案：**

监理计划编制的时效性要求如下：

总监理工程师主持编制整个工程项目的监理计划。所属各监理合同段的驻地监理工程师应根据总监的要求和需要，组织编制本监理合同段的监理计划。

项目监理计划的编制时间应满足合同规定的期限要求。如合同中未明确规定，一般应在监理合同签订之日起一个月内及第一次工地会议和合同工程开工令下达之前编制完成。

在监理计划的实施过程中，根据实际情况变化需要进行补充、修改和完善时，须经总监理工程师审查批准并报建设单位备案。

考点6　工程质量监理

一、单项选择题

1. **答案：** C

解析： 质量就是指产品或服务满足有关要求及用户需要的程度。因此，工程项目质量包括建筑产品实体和服务这两类特殊产品的质量。

2. **答案：** B

解析： 质量数据的统计特征量包括：算术平均值、中位数、极差、标准偏差、变异系数等。其中，算术平均值、中位数反映数据的集中程度，即质量的稳定性。极差、标准偏差、变异系数反映数据的分散程度，即质量偏离程度。

3. **答案：** C

解析： 要保证工程质量，就要求有关部门和人员精心工作，对决定和影响工程质量的所有因素严加控制，即通过工作质量来保证和提高工程质量。

4. **答案：** C

解析： 验证试验是对材料或商品构件进行预先鉴定，以决定是否可以用于工程。当工程材料或商品构件运入现场后，应按规定的批量和频率抽样进行验证试验，不合格者不准用于工程。

5. **答案：** B

解析：《公路工程质量管理办法》（交通部交公路发［1999］90号）附件“公路工程质量事故等级划分和报告制度”第2条规定，公路工程质量事故可分为质量问题、一般质量事故及重大质量事故三类。其中，一般质量事故是指质量低劣或达不到合格标准，需加固补强，直接经济损失（包括修复费用）在20万元至300万元之间的事故。

6. **答案：** A

解析： 对于施工过程中所发生的工程质量事故，首要的问题就是查明产生质量事故的原因。很显然，只有查明质量事故发生的原因，才能界定责任、制订与落实措施、确定事故性质，也才能吸取教训、加强管理、防止类似事故以后重发生。这才是解决问题的根本所在。

7. **答案：** C

解析： 根据《公路工程质量检验评定标准》（土建工程）的规定，根据建设任务、施工管理和质量检验评定的需要，建设项目可划分为单位工程、分部工程和分项工程。

8. **答案：** C

解析： 控制图就是利用生产过程处于稳定状态下的产品质量特性值分布服从正态分布这一统计规律来识别生产过程的异常因素，控制生产过程由于系统性原因造成的质量波动，以保证工序处于控制状态。

9. **答案**：B

解析：单纯随机抽样是指在总体中，采取一定的方式直接抽取样本的方法。这是一种完全随机化的抽样方法。

10. **答案**：B

解析：《公路工程施工监理规范》（2006 年版）第 5.1.11 条规定，监理工程师应按规定重点对施工过程中使用的主要原材料（例如，水泥、钢材、沥青、石灰、粉煤灰、砂砾、碎石等）及各种混合料进行抽检，抽检频率应不低于施工单位自检频率的 20%，其余材料应不低于 10%；对已完工程实体质量的抽检频率应不低于施工单位自检频率的 20%。

11. **答案**：D

解析：工程质量缺陷的处理方案的提出通常应根据该缺陷产生的原因而定。对因施工原因而产生的质量缺陷的修补与加固，应由承包人提出处理方案，经监理工程师批准后方可实施；对因设计原因而产生的质量缺陷，应通过建设单位提出处理方案，由承包人实施。

12. **答案**：A

解析：分项工程质量检验内容包括基本要求、实测项目、外观鉴定和质量保证资料四个部分。其中基本要求检查，对施工质量优劣具有关键作用，应按基本要求对工程进行认真检查。经检查不符合基本要求规定时，不得进行工程质量的检验和评定。因此，在分项工程的质量检验评分的四项内容中，其中权值最大的是基本要求检查。

13. **答案**：B

解析：《公路工程质量检验评定标准》（JTG F80/1—2004）附录所列分项工程和分部工程分项工程和分部工程区分为一般工程和主要（主体）工程，分别予以 1 和 2 的权值。

14. **答案**：D

解析：根据《公路工程质量检验评定标准》（JTG F80/1—2004）的规定，分部工程质量评分值按下式计算：

分部工程质量评分值 = Σ（分项工程评分值 × 相应权值）/ Σ 分项工程权值

15. **答案**：B

解析：合同段和建设项目工程质量评分值按《公路工程竣（交）工验收办法》计算。

其中，施工合同段工程质量评分值，采用该合同段所含各单位工程质量评分值的加权平均值，即：

合同段工程质量评分值 = Σ［单位工程质量评分值 × 该单位工程投资额］/ 合同段总投资额

16. **答案**：A

解析：根据《公路工程质量检验评定标准》的规定，工程质量评定等级分为合格与不合格，应按分项工程、分部工程、单位工程、合同段、建设项目逐级进行评定。

二、多项选择题

1. **答案**：ACE

解析：工程项目的质量是指通过工程建设过程所形成的工程符合有关标准、规范、法规的程度和满足业主要求的程度。工程项目质量的内涵表现在三个方面，即工程项目实体质量、工程项目功能和使用价值、工程项目的工作质量。

2. **答案**：ABC

解析：质量管理作为企业管理的有机组成部分，它的发展过程大体经历了以下三个阶段：（1）质量检验阶段；（2）统计质量管理阶段；（3）全面质量管理阶段。

3. **答案**：BCDE

解析：按照国际标准 ISO 9000 和国家标准 GB/T 19000 建立一个新的质量体系或更新、完善现行的质量体系，一般要经历以下步骤：（1）企业领导决策；（2）编制工作计划；（3）分层次教育培训；（4）分析企业特点；（5）落实各项要素；（6）编制质量体系文件。

4. **答案**：ACE

解析：《公路工程质量管理办法》（交公路发［1999］90 号）附件“公路工程质量事故等级划分和报告制度”第 1 条规定，工程质量事故，系指由于勘测、设计、施工、监理、试验检测等责任过失而使工程在下述时限内遭受损毁或产生不可弥补的本质缺陷，因构造物倒塌造成人身伤亡或财产损失以及需加固、补强、返工处理的事故。

（1）道路工程：现场监理工程师签认至工程项目通车后两年内；

（2）结构工程：施工过程中和设计使用年限内。

5. **答案**：BCD

解析：质量数据的统计特征量主要有 5 个：（1）算术平均值；（2）中位数；（3）极差；（4）标准偏差；（5）变异系数。

以上质量数据的统计特征量中，算术平均值、中位数等反映数据集中位置（质量稳定程度），而极差、标准偏差、变异系数等则反映数据离散程度（质量波动程度）。

6. **答案**：ABD

解析：评价项目施工质量的尺度，就是指施工质量控制的依据和质量验收的依据。

施工质量控制的依据主要包括：（1）国家和地方法律、法规；（2）国家和行业、地方有关标准、规范、规程；（3）监理合同；（4）施工合同；（5）工程前期有关文件；（6）工程设计文件和图纸；（7）工程实施过程中有关的函件。

施工质量验收的依据主要包括：（1）技术规范；（2）《公路工程质量检验评定标准》。

7. **答案**：ACDE

解析：监理试验室的基本试验工作包括：（1）验证试验；（2）标准试验；（3）工艺试验；（4）抽样试验；（5）验收试验。

8. **答案**：ABCD

解析：标准试验是在工程开工前，对试验工程或材料的内在品质进行施工前的数据采集。它是控制和指导施工的科学依据。包括各种标准击实试验、集料的筛分试验、混合料的配合比试验、结构的强度试验等。

9. **答案**：ABC

解析：根据《公路工程质量管理办法》（交通部交公路发［1999］90 号）附件“公路工程质量事故等级划分和报告制度”第 2 条规定，公路工程质量事故划可分为三类，即质量问题、一般质量事故和重大质量事故。

10. **答案**：ABCD

解析：工程质量事故处理的依据主要包括：

（1）质量事故的实况资料；（2）有关合同文件；（3）有关设计文件；（4）相关的工程建设法规以及有关规范、规程和标准等。

建设单位和监理机构的意见均不能作为质量事故处理的依据。

11. **答案**：ACDE

解析：分部工程是单位工程的组成部分。在单位工程中，应按结构部位、路段长度及施工特点或施工任务划分为若干个分部工程。

12. **答案**：ABCD

解析：质量控制中比较常用的统计方法的有直方图法、排列图法、控制图法、因果分析图法、相关图法、统计调查分析法等。

S 曲线图法是用于进度控制和费用控制的一种常用的方法。

13. **答案**：ABE

解析：抽样检验的类型包括以下两类：

（1）非随机抽样：就是人为的有意识的挑选取样。

（2）随机抽样：就是排除人的主观因素，使待检总体中的每一个单位产品具有同等被抽取到的机会。

随机抽样的方法主要有以下三种类型：

（1）单纯随机抽样：在总体中直接抽取样本。

（2）系统抽样：有系统地将总体分成若干部分，然后从每一个部分抽取一个或若干个个体，组成样本。

（3）分层抽样：将每一个工序作为一层，对每层单纯随机抽样。

14. **答案**：ABDE

解析：公路工程施工质量监理的基本方法包括：（1）旁站；（2）巡视；（3）测量控制；（4）试验与抽检；（5）指令文件；（6）随机抽查；（7）工序控制；（8）检查核实。

本题备选项 C 复核工程量报表是费用监理的内容。

15. **答案**：ABCD

解析：根据《公路工程施工监理规范》（2006 年版）第 5.1 条的规定，分项工程开工之前，监理工程师应审查或审批的事项包括六个方面：（1）审查工程分包；（2）审批施工测量放线；（3）审批工程原材料与混合料；（4）审查施工组织及人员配备；（5）审查施工机械设备；（6）审查施工方案及主要工艺。

监理工程师审查或审批的以上6个事项可作为分项工程开工所应具备的条件。

16. **答案：** ABCE

解析： 质量缺陷的处理必须坚持以下原则：

（1）监理工程师具有质量否决权；

（2）质量缺陷处理须事先进行调查，分清责任，以明确处理费用的归属；

（3）前道工序的质量缺陷未经处理或处理不符合要求，后道工序不准施工；

（4）施工单位必须执行监理工程师对质量缺陷的处理意见；

（5）质量缺陷的处理方案和措施必须经监理工程师审批；

（6）质量缺陷的处理完成后必须接受监理工程师的检查、验收。

17. **答案：** ABCD

解析： 根据《公路工程质量检验评定标准》（土建工程）（JTG F80/1—2004）规定，分项工程质量检验内容包括基本要求、实测项目、外观鉴定和质量保证资料四个部分。

三、判断题

1. **答案：** ×

解析： 质量是反映产品或服务满足明确或隐含需要能力的特征和特性的总和。简单地说，质量就是指产品或服务满足有关要求及用户需要的程度。因此，所谓质量，一是必须符合规定要求，二是要满足用户期望。

2. **答案：** ×

解析： 所谓工程质量事故，系指由于勘测、设计、施工、监理、试验检测等责任过失而使工程在下述时限内遭受损毁或产生不可弥补的本质缺陷，因构造物倒塌造成人身伤亡或财产损失以及需加固、补强、返工处理的事故。

①道路工程：现场监理工程师签认至工程项目通车后两年内；

②结构工程：施工过程中和设计使用年限内。

由上述工程质量事故定义可知，道路工程和结构工程质量事故的时限是不同的。结构工程的质量事故时限是指施工过程中和设计使用年限内。

3. **答案：** ×

解析： 一方面，施工单位和建设单位签订了施工合同，就承担了施工质量责任，只要是因施工单位的原因引起的质量问题，施工单位就应承担责任。监理工程师是代表建设单位对施工质量进行监督，因此，监理工程师的签认并不能解除施工单位的责任。另一方面，监理单位与承包人之间没有合同关系，即便是由于监理人员的过错造成承包人的经济损失，该损失也应当由建设单位承担。

4. **答案：** ×

解析： 施工质量是施工企业生产出来的，不是监理人员监督检查出来的，施工企业的自我质量控制是质量控制的最重要的决定性环节。当然，监理人员对施工质量的监督管理对保证质量也能起到积极作用。因此，在公路工程施工质量控制中，应贯彻以施工企业自检为主，监理人员抽检为辅的原则。

5. **答案：** √

解析：《公路工程施工监理规范》（2006 年版）第 2.0.12 条规定，标准试验是指在工程开工前，为确定工程材料的最佳组合，建立施工控制和检验标准所进行的试验。

6. **答案：** ×

解析： 公路工程质量事故可分为质量问题、一般质量事故和重大质量事故三类。其中，质量问题属于可由监理机构处理的质量事故，其他两类质量事故（即重大质量事故、一般质量事故）则不属于监理机构处理的质量事故。

7. **答案：** √

解析： 为加强工程管理、统一口径，总监理工程师应在合同工程开工前对施工单位提交的分项工程、分部工程、单位工程划分予以批复并报建设单位备案。经监理工程师批准的工程划分应作为参建各方在施工全过程对项目进行工程质量的监控和管理的依据。

8. **答案：** √

解析： 在施工过程中，工程质量波动分为两种：正常波动和异常波动。

正常波动是由偶然性原因造成的，对产品质量影响程度很小，如原材料成分和性能发生微小变化、工人操作的微小变化、周围环境的微小变化等。由这类原因造成的质量波动是正常的波动，不需要加以控制，即认为生产过程处于稳定状态。

异常波动是由系统原因造成的，对产品质量影响很大，如原材料规格的显著变化、工人不遵守操作规程、机械设备调整不当、检测仪器的使用不合理、周围环境的显著变化等。由这类原因造成的质量波动是异常的波动。一般情况下，异常波动在生产过程中不允许存在，一旦出现，必须立即查明原因。消除异常波动。

9. **答案：** ×

解析： 注意区分巡视与旁站。巡视是指监理人员对施工现场进行的经常性巡回检查活动。旁站是指监理人员在施工现场对某一具体的工序、工艺或部位施工全过程进行的监理。

10. **答案：** ×

解析：《公路工程施工监理规范》（2006 年版）第 5.1.3 条规定，监理工程师应审查施工单位申报的原材料、混合料试验资料。对原材料应独立取样进行平行试验；对混合料可在施工单位标准试验的基础上进行试验验证，必要时做标准试验，在合同规定的期限内予以批复。

监理工程师应对施工单位申请使用的商品混凝土或商品混合料配合比进行审查，并进行试验验证。

11. **答案**：×

解析：对因施工原因而产生的质量缺陷的修补与加固，应先由承包人提出修补方案及方法，经监理工程师审核后并报建设单位批准方可进行。

12. **答案**：×

解析：公路工程建设项目根据其组成的实物形态，可依次划分为有内在联系的单项工程、单位工程、分部工程、分项工程。由于分项工程是可最终划分出的实物单元，因此分项工程就成为工程项目的施工组织、质量控制、造价控制的基础。所以，分项工程质量的好坏是工程项目质量控制的基础。

13. **答案**：×

解析：合同段和建设项目工程质量评分值按《公路工程竣（交）工验收办法》计算。

14. **答案**：×

解析：根据《公路工程质量检验评定标准》（土建工程）（JTG F80/1—2004）规定，工程质量评定等级分为合格与不合格，应按分项工程、分部工程、单位工程、合同段、建设项目逐级进行评定。

四、综合分析题

1. **答案**：

（1）公路工程质量事故可分为质量问题、一般质量事故及重大质量事故三类。

事件1属于质量问题。

（2）工程质量事故处理的基本原则有：

①质量事故的调查处理实行统一领导、分级负责的原则；

②质量事故处理应坚持“四不放过”的原则；

③质量事故实行报告制度。

（3）工程计量方式一般有：①实地测量计算法；②图纸计算法；③记录法。

（4）监理工程师应拒绝承包人的计量要求。

因为导致桩长增加的原因是由于承包人施工管理与控制不当所致。

2. **答案**：

（1）该质量事故属于二级一般质量事故。

（2）质量事故的处理按下以程序进行：

①监理工程师应立即向施工单位发出工程暂停令，要求停止质量事故部位和与其有关联部位及下道工序的施工，并采取必要的措施，保护事故现场，抢救人员和财产，防止事故扩大，做好相应记录。

②监理工程师要求施工单位尽快提出质量事故的报告，并按规定速报有关部门。

③监理工程师应积极配合质量事故调查组进行质量事故调查，客观地提供相应证据。

④监理工程师接到质量事故调查组提出的质量事故技术处理意见后，审核签认有关单位提出的质量事故技术处理方案。

⑤监理工程师指标施工单位按照批准的工程质量事故处理方案对事故进行处理。

⑥监理工程师对施工单位实施质量事故处理方案或对加固、返工、重建的工程进行监理，并进行检查验收。经检验合格后，监理工程师发出复工指令。

3. 答案：

从质量监理的角度来分析，应通过以下几个方面的审查来判断分项（分部）工程是否具备开个条件：

（1）审查工程分包；（2）审批施工测量放线；（3）审批工程原材料与混合料；（4）审查施工组织及人员配备；（5）审查施工机械设备；（6）审查施工方案及主要工艺。

4. 答案：

质量保证资料应包括以下六个方面：①所用原材料、半成品和成品质量检验结果；②材料配合比、拌和加工控制检验和试验数据；③地基处理、隐蔽工程施工记录和大桥、隧道施工监控资料；④各项质量控制指标的试验记录和质量检验汇总图表；⑤施工过程中遇到的非正常情况记录及其对工程质量影响分析；⑥施工过程中如发生质量事故，经处理补救后，达到设计要求的认可证明文件等。

5. 答案：

（1）算术平均值：

$$\overline{X}=\frac{1}{n}（X_1+X_2+\cdots+X_n）=\frac{1}{n}\sum_{i=1}^{n}X_i$$

$$=95.74$$

（2）中位数：

$$\tilde{x}=\begin{cases}x_{\frac{n+1}{2}} & （n\text{为奇数}）\\ \frac{1}{2}（x_{\frac{n}{2}}+x_{\frac{n}{2}+1}） & （n\text{为偶数}）\end{cases}$$

$$=95.86$$

（3）极差：

$$R=X_{\max}-X_{\min}=3.78$$

（4）标准差：

$$s=\sqrt{\frac{(x_1-\bar{x})^2+(x_2-\bar{x})^2+\cdots(x_n-\bar{x})^2}{n-1}}=\sqrt{\frac{\sum_{i=1}^{n}(X_i-\bar{x})^2}{n-1}}$$

$$=0.99$$

（5）变异系数：

$$C_V=\frac{S}{\bar{x}}\times100\%=1.03\%$$

6. 答案：

（1）计算该路段压实度平均值和标准偏差

计算得：$\bar{k}=96.09\%$，$S=2.21\%$

（2）计算压实度代表值 K

保证率取 95%，所以保证率系数为 0.438。

$$k=\bar{k}-t_{0.95}/\sqrt{16}\times S=96.09-0.438\times 2.21=95.1(\%)$$

（3）高速公路路基上路床压实度规定值（压实度标准）为 $K_0=96\%$。

因：$K<K_0=96\%$

所以该段路基压实度不合格。

考点7　施工安全监理

一、单项选择题

1. **答案**：C

解析：《建设工程安全生产管理条例》（国务院令2003年第393号）第23条规定，施工单位应当配备专职安全生产管理人员。专职安全生产管理人员负责对安全生产进行现场监督检查。发现安全事故隐患，应当及时向项目负责人和安全生产管理机构报告；对违章指挥、违章操作的，应当立即制止。

2. **答案**：A

解析：《公路工程施工监理规范》（2006年版）第5.2.3条规定，监理工程师对危险性较大的工程作业等要定期巡视检查，如发现安全事故隐患，应立即书面指令施工单位整改；情况严重的，应签发《工程暂停令》要求施工单位暂停施工，并及时报告建设单位。施工单位拒不整改或者停止施工的，监理工程师应及时向有关主管部门报告。

3. **答案**：B

解析：《公路水运工程安全生产监督管理办法》（交通部令2007年第1号）第4条规定，公路水运工程安全生产应当坚持“安全第一、预防为主、综合治理”的方针。

4. **答案**：D

解析：《建设工程安全生产管理条例》（国务院令2003年第393号）第14条规定，工程监理单位和监理工程师应当按照法律、法规和工程建设强制性标准实施监理，并对建设工程安全生产承担监理责任。

5. **答案**：C

解析：公路工程生产安全事故按照人员伤亡、涉险人数、经济损失等因素，一般分为以下四级：

（1）特别重大事故：死亡失踪人数30人以上，或涉险人数30人以上，或重伤（或急性中毒）人数100人及以上，或经济损失10 000万元及以上。

（2）重大事故：死亡失踪人数10～29人，或涉险人数10～29人，或重伤（或急性中毒）人数50～99人，或经济损失5 000万～10 000万元之间。

（3）较大事故：死亡失踪人数3～9人，或涉险人数3～9，或重伤（或急性中毒）人数10～49人，或经济损失1 000万～5 000万元之间。

（4）一般事故：死亡失踪1～2人，或涉险人数1～2人，或重伤（或急性中毒）人数1～9人，或经济损失1 000万元以下。

6. **答案**：C

解析：按照事故可能造成的人员死伤后果，安全事故隐患可分为以下等级：

（1）特别重大隐患：可能造成的死伤人数为30人（含30人）以上。

（2）重大隐患：可能造成的死伤人数为10～29人。

（3）较大隐患：可能造成的死伤人数为3～9人。

（4）一般隐患：可能造成的死伤人数为2人以下。

7. **答案**：D

解析：监理工程师应对危险性较大的工程作业等要定期巡视检查，如发现安全事故隐患，应立即书面指令施工单位整改；情况严重的应签发《工程暂停令》要求施工单位暂停施工，并及时报告建设单位。施工单位拒不整改或者不停止施工的，监理工程师应及时向有关主管部门报告。

8. **答案**：C

解析：项目监理机构在实施监理前，应编制项目监理计划，监理计划中应包含安全监理部分，且应将安全监理部分单独列为一个章节。

对危险性较大的分部分项工程必须在施工开始前编制专项安全监理实施细则。安全监理实施细则由专业监理工程师编制，并经总监理工程师（或驻地监理工程师）批准。

二、多项选择题

1. **答案**：ABE

解析：《公路水运工程安全生产监督管理办法》（交通部令2007年第1号）第八条规定，施工单位应当取得安全生产许可证，施工单位的主要负责人、项目负责人、专职安全生产管理人员（以下简称安全生产三类管理人员）必须取得考核合格证书，方可参加公路工程投标及施工。

2. **答案**：ABCD

解析：按照《建设工程安全生产管理条例》及《公路水运工程安全生产监督管理办法》的有关规定，施工单位特种作业人员包括：（1）垂直运输机械作业人员；（2）安装拆卸工；（3）起重信号工；（4）登高架设作业人员；（5）爆破作业人员；（6）施工船舶作业人员；（7）电工、焊工；（8）预应力张拉作业人员；（9）水上作业人员等。

3. **答案**：CDE

解析：公路工程施工安全监理的依据主要有：（1）国家有关安全生产、劳动保护等的法律、法规；（2）地方性法规、文件；（3）国家有关主管部门颁布的有关条例、办法、规定；（4）有关技术规范、规程、标准；（5）建设工程批准文件；（6）监理合同、施工合同以及有关补充协议。

4. **答案**：ABDE

解析：安全生产应处理好的五种关系是：（1）安全与危险的并存；（2）安全与生产的统一；（3）安全与质量的同步；（4）安全与速度的互促；（5）安全与效益的兼顾。

5. **答案**：ABDE

解析：根据《建设工程安全生产管理条例》的相关规定，监理单位应建立的安全管理制度主要包括以下五项：（1）安全技术措施审查制度；（2）专项施工方案审查制度；（3）安全隐患处理制度；（4）严重安全隐患报告制度；（5）按照法律法规与强制性标准实施监理制度。

6. **答案**：ABC

解析：监理单位和监理工程师在实施安全监理工作中可能承担的法律责任主要有三种：民事责任、行政责任、刑事责任。

7. **答案**：ABDE

解析：不安全状态、不安全行为、起因物、致害物和伤害方式是引发产生安全事故的五个基本因素，简称“事故五要素”

8. **答案**：ABCE

解析：预防建设工程安全事故的基本方法包括：（1）建立健全安全生产管理制度。（2）强化安全教育，增强安全意识。（3）统一管理生产与安全工作。（4）不断审查和持续改进工程技术方案，强化安全防护技术。（5）对不适宜从事某种作业的人员进行调整。（6）配备必要的安全防护装置与工具。（7）必要的检查与监督以及必要的惩戒。

9. **答案**：ABCD

解析：按照《公路水运工程生产安全事故应急预案》（交质监发［2011］6号）规定，公路工程生产安全事故应急预案体系构成包括：（1）总体预案；（2）专项预案；（3）地方预案；（4）项目预案。

10. **答案**：ACDE

解析：根据《公路水运工程生产安全事故应急预案》（交质监发［2011］6号）的规定，公路工程生产安全事故等级按照人员伤亡、涉险人数、经济损失等因素一般分为四级：（1）特别重大事故；（2）重大事故；（3）较大事故；（4）一般事故。

11. **答案**：ABDE

解析：《建设工程安全生产管理条例》规定，施工单位发生生产安全事故时，应当按照国家有关事故报告和调查处理的规定及时、如实地向负责安全生产监督管理的部门、行业主管部门或其他有关部门报告。对生产安全事故的处理做到：事故原因不清不放过，没有防范措施不放过，事故责任者和群众没有受到教育不放过，事故责任者没有受到处理不放过。

12. **答案**：ABC

解析：《公路水运工程安全生产监督管理办法》（交通部令2007年第1号）第23条规定，对下列危险性较大的工程应当编制专项施工方案，并附安全验算结果，经施工单位技术负责人、监理工程师审查同意后实施，由专职安全生产管理人员进行现场监督：

（1）不良地质条件下有潜在危险性的土方、石方开挖；（2）滑坡和高边坡处理；（3）桩基础、挡墙基础、深水基础及围堰工程；（4）桥梁工程中的梁、拱、柱等构件施工等；（5）隧道工程中的不良地质隧道、高瓦斯隧道、水底海底隧道等；（6）水上工程中的打桩船作业、施工船作业、外海孤岛作业、边通航边施工作业等；（7）水下工程中的水下焊接、混凝土浇筑、爆破工程等；（8）爆破工程；（9）大型临时工程中的大型支架、模板、便桥的架设与拆除；桥梁、码头的加固与拆除工程；（10）其他危险性较大的工程。

13. **答案：**ABDE

解析：为了做好施工安全监理工作，施工准备阶段监理机构对施工单位审查的内容包括：

（1）审查施工单位安全生产管理体系；

（2）审查施工单位的安全设施、设备、特种作业人员进入现场的报验手续；

（3）审查施工现场平面布置；

（4）审查安全技术措施或者专项施工方案；

（5）审查施工单位事故应急救援预案。

14. **答案：**ABCDE

解析：日常安全监理实施程序包括：（1）发出监理指令；（2）签发书面整改通知；（3）召开专题监理例会；（4）签发“工程暂停令”，报告建设单位；（5）向有关主管部门报告。

15. **答案：**ACDE

解析：施工单位的安全自检可分为：（1）日常性检查；（2）专业性检查；（3）季节性检查；（4）节假日前后检查；（5）不定期检查。

16. **答案：**ABDE

解析：监理工程师应每天对施工过程中的危险性较大工程作业情况进行巡视检查，发现未按施工方案施工或违规作业行为应及时制止，巡视检查的作业重点包括：

（1）高处作业；（2）机电设备的使用和操作；（3）场内车辆驾驶；（4）气割、电焊作业；（5）起重作业；（6）钢筋加工、绑扎作业；（7）混凝土浇筑；（8）预应力张拉作业；（9）支架、脚手架的搭设与拆除；（10）大型模板堆放、安装与拆除；（11）电气安装与维修；（12）拆除作业；（13）船舶作业；（14）潜水作业；（15）水下焊接作业；（16）水上起重作业；（17）施工机械作业。

17. **答案：**ABCD

解析：公路工程项目监理计划中安全监理部分的主要内容包括：

（1）安全监理工作依据；（2）安全监理工作目标；（3）安全监理工作范围和内容；（4）项目监理机构安全监理岗位、安全监理人员配备计划及工作职责与任务；（5）安全监理工作制度；（6）安全监理工作程序；（7）初步认定的危险性较大的分部分项工程一览表；（8）初步认定须经监理复核安全许可验收手续的大中型施工机械和安全设施一览表；（9）初步确定须编制的专项安全监理实施细则一览表；（10）初步选定的新材料、新技术、新工艺及特殊结构防止安全事故的监督控制措施；（11）必要的安全防护用品。

施工安全技术措施是承包人编制的施工组织设计中应包含的内容。

18. **答案：**ABCE

解析：安全监理内业资料一般应包括以下的内容：

(1) 监理工作计划中的监理方案；(2) 安全监理专项实施细则；(3) 安全例会纪要和工地会议纪要中的监理内容；(4) 工作指令；(5) 工程暂时停工指令及复工指令；(6) 专项安全施工方案报审材料；(7) 施工单位的主要负责人、项目负责人、专职安全生产管理人员、特种作业人员资格报审资料；(8) 施工分包单位的资质（含安全生产许可证和主要负责人、项目负责人、专职安全管理人员的安全资格证）报审资料；(9) 大中型施工机械、安全设施验收报审资料；(10) 施工现场安全监理检查记录；(11) 安全监理日志；(12) 监理月报中的安全监理内容；(13) 安全监理专题报告；(14) 安全生产事故调查处理及报告资料；(15) 监理工作总结中安全监理内容。

三、判断题

1. **答案**：√

解析：《建设工程安全生产管理条例》第 8 条规定，建设单位在编制工程概算时，应当确定建设工程安全作业环境及安全施工措施所需费用。

2. **答案**：×

解析：当安全与生产发生矛盾时，必须先解决安全问题，在保证安全的前提下从事生产活动，才能使生产正常进行。

3. **答案**：√

解析：安全隐患的严重性不同，则处理方法不同。一般安全隐患通常无须停工，指令承包人限期整改即可。严重安全隐患通常要暂停施工，同时也要报告建设单位。

四、综合分析题

1. **答案**：

(1) 该承包人中标价中计列的安全生产费用不满足规定要求。

因为，《公路水运工程安全生产监督管理办法》规定，施工单位在工程报价中应当包含安全生产费用，一般不得低于投标价的1%，且不得作为竞争性报价。

因此，该承包人中标价中计列的安全生产费用应当为：

$$200\,000\,000 \times 1\% = 2\,000\,000\text{（元）} = 200\text{（万元）}。$$

(2) 该承包人安排的专职安全生产管理人员不满足规定要求。

因为，《公路水运工程安全生产监督管理办法》规定，施工现场应当按照每 5 000 万元施工合同额配备 1 名的比例配备专职安全生产管理人员，不足 5 000 万元的至少配备 1 名。

因此，该承包人安排的专职安全生产管理人员的数量应当为：

$$(200\,000\,000/50\,000\,000) \times 1 = 4\text{（人）}。$$

(3) 该项目中，应当编制专项施工方案的工程有：

路基工程中：高边坡处理工程，爆破工程。

桥梁工程中：桩基础工程施工，预应力混凝土T梁、柱式墩等施工。

隧道工程中：不良地质地段隧道施工。

2. 答案：

《公路工程施工监理规范》（2006年版）第5.2.1项规定，工程开工前，监理工程师应审查施工单位编制的施工组织设计中的安全技术措施或专项施工方案是否符合强制性标准，审查合格后方可同意工程开工。审查重点是：

（1）安全管理和安全保证体系的组织机构，包括项目经理、专职安全管理人员、特种作业人员配备的数量及安全资格培训持证上岗情况。

（2）是否制订了施工安全生产责任制、安全管理规章制度、安全操作规程。

（3）施工单位的安全防护用具、机械设备、施工机具是否符合国家有关安全规定。

（4）是否制订了施工现场临时用电方案的安全技术措施和电气防火措施。

（5）施工场地布置是否符合有关安全要求。

（6）生产安全事故应急救援预案的制订情况，针对重点部位和重点环节制订的工程项目危险源监控措施和应急预案。

（7）施工人员安全教育计划、安全交底安排。

（8）安全技术措施费用的使用计划。

3. 答案：

监理单位的安全责任如下：

（1）审查施工组织设计中的安全技术措施或专项施工方案是否符合工程建设强制性标准；

（2）在实施监理过程中，发现存在安全事故隐患的，应当要求施工单位整改；情况严重的，应当要求施工单位暂时停止施工，并及时报告建设单位。施工单位拒不整改或者不停止施工的，应当及时向有关主管部门报告；

（3）应当按照法律、法规和工程建设强制性标准实施监理，并对建设工程安全生产承担监理责任。

如果监理单位未履行上述安全责任的，应承担的法律责任如下：

责令限期改正；逾期未改正的，责令停业整顿，并处10万元以上30万元以下的罚款；情节严重的，降低资质等级，直至吊销资质证书；造成重大安全事故，构成犯罪的，对直接责任人员，依照刑法有关规定追究刑事责任；造成损失的，依法承担赔偿责任。

4. 答案：

根据《公路水运工程安全生产监督管理办法》的规定，施工单位应当对下列危险性较大的工程编制专项施工方案，并附安全验算结果，经施工单位技术负责人、监理工程师审查同意签字后实施，由专职安全生产管理人员进行现场监督：

（1）不良地质条件下有潜在危险的土方、石方开挖；

（2）滑坡和高边坡处理；

（3）桩基础、挡墙基础、深水基础及围堰工程；

（4）桥梁工程中的梁、拱、柱等构件施工等；

（5）隧道工程中不良地质隧道、高瓦斯隧道、水底海底隧道等；

（6）水上工程中的打桩船作业、施工船作业、外海孤岛作业、边通航边施工作业等；

（7）水下工程中的水下焊接、混凝土浇筑、爆破工程等；

（8）爆破工程；

（9）大型临时工程中的大型支架、模板、便桥的架设与拆除；桥梁、码头的加固与拆除工程；

（10）其他危险性较大的工程。

5. 答案：

（1）编制安全监理细则的依据

①已批准的监理计划；

②相关的法律法规、工程建设强制性标准和设计文件；

③施工组织设计；

④其他规范性文件等。

（2）安全监埋细则应包含以下主要内容：

①危险性较大的分部、分项工程安全监理工作的特点和施工现场环境状况；

②安全监理人员安排与分工；

③安全监理工作的方法及措施；

④具有针对性的安全监理检查、控制要点；

⑤相关过程的检查记录格式（表格）和资料目录。

考点8　施工环境保护监理

一、单项选择题

1. **答案：** C

解析： 公路工程施工环境保护监理的任务包括两个方面：一是环保达标监理；二是环保工程监理。其中，环保达标监理就是对工程建设过程中污染环境、破坏生态的行为进行监督管理，如污水排放应达标、减少水土流失和生态环境破坏等。

2. **答案：** B

解析： 施工环保监理的任务包括环保达标监理和环保工程监理。其中，环保达标监理的工作方式以日常巡视为主，辅以必要的环境监测，以便及时调整环保监控力度。

3. **答案：** C

解析：《公路建设项目环境影响评价规范》（JTG B03—2006）规定：

（1）可能造成重大环境影响的建设项目，应当编制环境影响报告书，对产生的环境影响进行全面评价；

（2）可能造成轻度环境影响的建设项目，应当编制环境影响报告表，对产生的环境影响进行分析或者专项分析；

（3）对环境影响很小，不需要进行环境影响评价的，应当填报环境影响登记表。

4. **答案：** ABC

解析： 监理工程师应常驻工地，对施工活动的环境保护工作实施动态管理。其工作方式以巡视为主，对于敏感的施工地段，巡视频率应适当增加。对于特别关心的施工节点应进行旁站监理。必要时，监理工程师还应进行环境监测。

5. **答案：** D

解析： 环境保护监理的任务包括环保达标监理和环保工程监理。其中，环保工程监理的主要任务是对工程的环保配套设施进行施工监理，其内容包括工程质量、安全、环保、进度、费用等。环保工程监理与主体工程的施工监理的内容、程序和方式相同。因此，环保工程监理资料体系应和主体工程施工监理一致。

二、多项选择题

1. **答案：** ABCD

解析： 根据公路工程施工可能造成的环境影响，项目地区的环境因素主要有：自然环境、生态环境、社会环境以及人民生活环境等。

2. **答案：** ABC

解析：公路工程建设可能造成的环境影响包括生态环境、声环境、水环境、大气环境、社会经济环境。

公路施工期间的各项施工活动对环境的影响最为明显的是生态环境、水环境、大气环境。因此，在公路施工监理过程中，监理人员应着重检查和控制施工对生态环境、水环境和大气环境的影响。

3. **答案：**ABDE

解析：公路工程施工环境保护监理的依据主要有：（1）环境保护法律法规；（2）环境保护地方性法规、规章及文件；（3）主管部门颁布的环保条例、办法、规定；（4）国家及地方环境标准；（5）项目环境影响评价文件及其批复；（6）公路工程技术规范、规程及标准；（7）工程设计文件；（8）监理合同、施工合同以及有关补充协议；（9）施工过程的会议纪要、文件。

4. **答案：**ABCD

解析：施工环境保护监理一般应按照下列工作程序进行：

（1）根据施工环保监理目标及任务，建立施工环保监理机构；

（2）依据监理合同、施工合同、设计文件、环评报告、水土保持方案及批复等编制施工环保监理计划；

（3）按照施工环保监理计划、工程建设进度、各项环保对策措施编制施工环保监理实施细则；

（4）依据编制的施工环保监理计划和实施细则，开展施工环保监理工作；

（5）工程交工阶段编写施工环保监理总结报告，整理监理档案资料，提交建设单位；

（6）参与工程竣工环保验收和水土保持验收。

5. **答案：**CD

解析：施工阶段环境保护监理的工作内容包括：（1）审查施工单位编制的分部（分项）工程施工方案中的环保措施是否可行。（2）对施工现场、施工作业进行巡视或旁站监理，检查环境保护措施的落实情况。（3）监测各项环境指标，出具监测报告或成果。（4）向施工单位发出环境保护工作指令，并检查指令的执行情况。（5）编写环保监理月报。（6）参加工地例会。（7）建立、保管环保监理资料档案。（8）处理或协助主管部门和建设单位处理突发环保事件。

本题备选项 A 和 B 为施工准备阶段环保监理的工作内容；备选项 E 为交工及缺陷责任期环境保护监理的工作内容。

6. **答案：**ABCDE

解析：建立健全施工环境保护监理的工作制度对于做好环保监理工作具有重要意义。

公路工程施工环境保护监理工作制度主要有：（1）会议制度；（2）报告制度；（3）函件往来制度；（4）人员培训制度；（5）工作记录制度；（6）文件审核、审批制度。

7. **答案：**ABC

解析：公路工程施工环境保护监理文件主要包括：（1）施工环境保护监理计划；

（2）施工环境保护监理细则；（3）施工环境保护监理工作总结报告。

8. **答案**：ADE

解析：施工过程中的监理措施主要包括：（1）规范施工单位操作行为，监督施工过程，尽量减小对环境的影响。（2）监理工程师在巡视、旁站中，应随时检查施工单位制订的环境保护措施的落实情况。（3）加强对施工单位的监督管理，防止自然环境遭到破坏，防止和减轻粉尘、噪声等对周围环境的污染和危害。（4）如发现施工中存在违反有关环保规定、未按合同要求落实环保措施的情况，监理工程师应书面指令施工单位整改；情况严重的，应签发《工程暂停令》要求施工单位暂时停工，并及时报告建设单位。（5）施工中发现文物时，监理工程师应要求施工单位依法保护现场，并报告有关部门和建设单位，以免文物的丢失和破坏。（6）监理工程师应要求施工单位依法取得砍伐许可后方可按照砍伐许可的面积、株数、树种进行砍伐，并注意保护野生动物、植物。（7）经常检查施工单位环境保护工作的进度和质量，及时纠偏，对达不到合同要求或不符合规范要求的项目不予计量。

三、判断题

1. **答案**：√

解析：环保达标监理的工作方式通常以日常巡视为主，辅之以必要的环境监测，以便及时调整环保监理力度。

2. **答案**：×

解析：《公路工程施工监理规范》（2006年版）第5.3.3条规定，如发现施工中存在违反有关环保规定、未按合同要求落实环保措施的情况，监理工程师应书面指令施工单位整改；情况严重的应签发《工程暂停令》，要求施工单位暂时停工，并及时报告建设单位。

四、综合分析题

答案：

监理工程师在巡视、旁站中，应随时检查施工单位制订的环境保护措施的落实情况，检查的主要内容有：

（1）是否落实了施工环境保护责任人。

（2）是否对施工人员进行了环保教育。

（3）施工场地的布设是否符合相关环保要求。

（4）职业危害的防护措施是否健全。

（5）施工现场（含临时便道、拌和站、预制场等）和料场等是否洒水防尘。

（6）是否按有关要求采取降噪措施。

（7）材料堆场设置环境的合理性及采取措施减少运输漏洒情况。

（8）施工废水、渣土、生活污水、垃圾的处置是否合理。

（9）是否按照批准在拟定的取弃土场取弃土，取土结束后是否采取了有效的排水防护和植被恢复措施。

考点9　工程进度监理

一、单项选择题

1. **答案：**B

解析：在开展公路工程施工进度监理时，监理工程师所要做的工作主要包括以下三个方面：

（1）对承包人编制的施工进度计划进行审查批准；

（2）对承包人执行进度计划的情况进行检查监督；

（3）对承包人调整后的进度计划进行审查批准。

2. **答案：**C

解析：从施工工艺流程看，工序在工作地点、施工工具、施工机械和材料等方面均不发生变化。如果上述因素中某个因素改变，就意味着从一道工序转入另一道工序。因此，施工组织往往以工序为最基本对象。

3. **答案：**A

解析：顺序作业法的基本特点包括：（1）不能充分利用工作面，工期长；（2）施工过程不连续；（3）单位时间消耗的资源少；（4）投入施工的专业队少，现场施工组织管理简单。

4. **答案：**C

解析：公路工程施工计划管理是项目施工管理的中心环节，其他管理工作都应围绕施工计划管理开展。施工计划管理的工作程序为：施工计划的编制→施工计划执行的检查→施工计划的调整。

5. **答案：**C

解析：由题意可知，该流水施工为全等节拍流水，且施工段数 $m=5$，施工过程数 $n=4$，流水节拍 $t=3$，则工期 $T=(m+n-1)\times t=(5+4-1)\times 3=24$（天）。

6. **答案：**A

解析：S 曲线反映的是项目总工期与所完成工作量或投资额的关系，它并不涉及某一具体工作。

7. **答案：**B

解析：在单代号网络计划图中，是用节点表示工作，一个节点表示一项工作。而工作间的相互关系则是用箭线表示的。

8. **答案：**D

解析：网络计划的优化实质上就是对计划方案的优化，是确保优化后的计划方案能满足工程目标要求。因此，“工期优化”的目标就是确定满足目标工期的计划方案。换句话说，就是在资源供应有限的条件下，寻求工期最短的计划方案。

9. **答案**：D

解析：由总时差（TF）和局部时差（FF）的含义可知，工作的局部时差是总时差的组成部分。因此，局部时差总是小于或等于总时差，即 TF≥FF。

10. **答案**：D

解析：确定双代号网络计划关键线路的方法主要有以下三种：（1）线路枚举法；（2）关键工作法；（3）关键节点法。

S 曲线法是进度监理常用的一种基本方法，它与网络图没有关系。

11. **答案**：D

解析：按节点最早时间绘制的时标网络计划中，工作的局部时差是用该工作箭线右端的波形线表示的。

12. **答案**：C

解析：工程进度曲线中的纵坐标表示工程量（或投资额），横坐标表示时间。在工程进度曲线中，如果实际进度点位于计划 S 曲线的左侧，则表明实际进度超过计划进度；反之，如果实际进度点位于计划 S 曲线的右侧，则表明实际进度落后于计划进度。

13. **答案**：C

解析：当 max｛工作的误期值｝ >0 时，说明总工期拖延；当 max｛工作的误期值｝ =0 时，说明工程按期交工；当 max｛工作的误期值｝ <0 时，说明总工期提前。

14. **答案**：A

解析：承包人应在签订合同协议书后 28 天之内，按合同条款约定的内容，编制详细的施工进度计划和施工方案说明报送监理工程师。

监理工程师应在 14 天内对承包人提交的施工进度计划和施工方案说明予以审批或提出修改意见，否则该进度计划视为已得到批准。

15. **答案**：C

解析：非承包人原因或责任发生的工期延误，要获得延期必须满足以下条件：

（1）该延误发生在关键线路上；（2）承包人按合同规定的程序，在合同规定的时间内提交了延期意向通知、延期申请报告及有关证据资料。

由此可知，非承包人原因或责任发生的工期延误，如果没有发生在关键线路上，或承包人没有按合同规定提出延期申请，则该延期不能得到批准。

16. **答案**：B

解析：《公路工程施工监理规范》（2006 年版）第 5. 5. 1 条规定，进度监理应在确保质量和安全的基础上，以计划控制为主线进行。监理工程师应要求施工单位按时提交进度计划，严格进度计划审批，及时收集、整理、分析进度信息，发现问题及时按照合同规定纠正。

17. **答案**：D

解析：《公路工程施工监理规范》（2006 年版）第 5. 5. 3 条规定，监理工程师应在合同规定的期限内审批施工单位提交的进度计划。总体进度计划应由总监理工程师审批；月进度计划等应由驻地监理工程师审核并报总监办。经批准的进度计划作为进度监理的依据。

二、多项选择题

1. **答案：**BD

解析：公路工程施工进度监理的工作流程主要包括以下三个环节：

（1）施工进度计划的审批；（2）施工进度计划执行的检查；（3）施工进度计划调整的批准。

进度计划的编制与进度计划的执行是施工单位应做的工作。

2. **答案：**ACDE

解析：公路工程施工过程中的组织原则可分为两类：

（1）技术性原则：包括连续性原则、协调性原则、均衡性原则。

（2）经济性原则。

3. **答案：**ABC

解析：公路工程施工组织方法可分为基本方法和综合方法两大类。其中，基本方法分为三种：顺序作业法、平行作业法和流水作业法。

4. **答案：**ABCD

解析：公路工程施工组织的方法（施工作业方法，施工作业方式）可分为两类：

（1）基本方法

施工组织的基本方法有三种：①顺序作业法；②平行作业法；③流水作业法。

（2）综合方法

施工组织的综合方法包括：平行流水作业法、立体交叉平行作业法等。

5. **答案：**ABC

解析：公路工程施工计划管理的特点主要包括：（1）计划的被动性；（2）计划的多变性；（3）计划的不均衡性。

6. **答案：**BCD

解析：工程项目组织流水施工，必须将该项目按照一定的方式在特定的时间内、在特定的空间范围内展开。流水施工通常是用空间参数、工艺参数、时间参数来表示施工在空间和时间展开情况。因此，水流施工的参数主要有三大类：空间参数、工艺参数、时间参数。

7. **答案：**ABE

解析：流水作业的参数包括空间参数、工艺参数和时间参数。

（1）空间参数：包括施工段数（m）、工作面（A）等。

（2）工艺参数：包括施工过程数（工序数）（n）、流水能力（v）等。

（3）时间参数：包括流水节拍（t）、流水步距（K）、技术间歇（t_g）、流水展开期等。

8. **答案：**ABCD

解析：进度监理的主要依据是施工进度计划，换句话说，根据进度计划可以实施进度监理。所以说，进度监理的方法就是编制施工进度计划的方法。因此，进度监理的基本方法有横道图法、S 曲线法、斜条图法、网络计划图法

9. **答案：**ABCE

解析：网络计划技术有许多方法，主要有关键线路法（CPM）、计划评审法（PERT）、搭接网络计划（CNT）、图例评审法（随机网络计划）、流水网络计划等。

10. **答案：**BD

解析：按箭线和节点表达的含义不同（按工作表示方法不同），网络图可分为以下两种：

（1）双代号网络图。每项工作均由一根箭线和两个节点表示，其中箭线代表工作，节点表示工作间的逻辑关系。

（2）单代号网络图。每项工作均由一个节点表示，以节点代表工作，箭线表示工作间的逻辑关系。

11. **答案：**ACD

解析：单代号网络计划中，一个节点表示一项工作。因此，单代号网络计划时间参数中只有工作的时间参数，而没有节点时间参数。

12. **答案：**ACE

解析：单代号网络计划图的绘制方法与双代号网络计划图的绘制方法一样，都可以采用前进法（顺推法）、后退法（逆推法）和先粗后细法。工程项目进度计划实际应用中，主要采用先粗后细法绘制单代号网络图；确定工作之间的相互关系后，多采用前进法或后退法绘制单代号网络图。

13. **答案：**ABC

解析：根据优化条件和目标不同，网络计划的优化可分为以下三类：

（1）时间优化（工期优化）。就是压缩关键线路（关键工作）到所要求的工期。

（2）工期与成本优化（工期与费用优化、时间与费用优化）。就是最优工期，利润最大。

（3）资源优化。包括两个方面：工期一定资源均衡；资源有限工期最短。

14. **答案：**AC

解析：网络计划中工作间的逻辑关系是指工作间的先后顺序关系。网络计划中工作间的逻辑关系包括工艺关系和组织关系。

（1）工艺关系。是由工艺过程或由工作程序决定的先后顺序关系称为工艺关系。

（2）组织关系。工作之间由于施工组织安排需要或资源调配需要而规定的先后顺序关系称为组织关系。

15. **答案：**ABC

解析： 时间坐标网络计划图的绘制方法有3种，即按节点最早可能实现时间（节点最早时间）、节点最迟必须实现时间（节点最迟时间）、优化时间直接绘制。

16. **答案：** ABC

解析： 双代号网络计划图的绘制方法主要有三种，即前进法（顺推法）、后退法（逆推法）、先粗后细法。

17. **答案：** DE

解析： 工作的最早开始时间与其紧前工作的持续时间有关，而与该工作的持续时间无关；工作的最迟结束时间与其紧后工作持续时间有关，而与该工作的持续时间无关；工作的最迟开始时间与总时差均与该工作的持续时间有关，而且工作的持续时间延长2天将导致其最迟开始时间提前2天，也会导致其总时差减少2天。

18. **答案：** ADE

解析： 由于 $ES_{(5,6)} = ET_5$，故 $ET_5 = 7$；由于 $TF_{(5,6)} = LT_6 - ET_5 - t_{(5,6)}$，所以 $LT_6 = 4 + 7 + 5 = 16$。

因为 $TF_{(5,6)} = LF_{(5,6)} - ES_{(5,6)} - t_{(5,6)}$，故 $LF_{(5,6)} = TF_{(5,6)} + ES_{(5,6)} + t_{(5,6)} = 4 + 7 + 5 = 16$。

19. **答案：** BC

解析：（1）双代号网络计划中，如两个关键节点之间的"箭尾节点时间+持续时间=箭头节点时间"，则这样的关键节点组成的线路才是关键线路。（2）关键线路就是双代号网络计划中总持续时间最长的线路。（3）无论是双代号网络计划还是单代号网络计划，关键线路上相邻两项工作之间时间间隔均为零。（4）双代号时标网络计划中无波形线的线路为关键线路。（5）对于双代号网络计划而言，所有工作的总时差均为零的线路为关键线路。而对于单代号网络计划而言，所有工作的总时差均为零且相邻工作之间无时间间隔的工作组成的线路为关键线路。

20. **答案：** BDE

解析： 时间坐标网络计划图的绘制方法有3种，即按节点最早时间绘制、按节点最迟时间绘制、优化时间直接绘制。

21. **答案：** ABCE

解析： 工程施工进度计划的编制方法主要有横道图法、斜条图法、S曲线图法以及网络计划图法。换句话说，进度计划的主要表现形式有横道图、斜条图、S曲线图（进度曲线图）、网络计划图。

22. **答案：** ABD

解析： 进度计划应有文字说明、进度图表和保证措施等。总体进度计划中宜绘制网络图，标注关键路线和时间参数。总体进度计划和月进度计划中应绘制资金流量S曲线图。

23. **答案：** ABCE

解析： 进度计划编制的原则包括：（1）必须贯彻合同条款及技术规范；（2）真实、

可靠并符合实际；（3）清楚、明了并便于管理；（4）全面表达施工中的全部活动及其他的相关联系；（5）正确反映施工组织及施工方法；（6）充分使用现有的人力和设备；（7）准确预料可能的施工障碍及变化。

24. **答案：**ABCE

解析：进度监理的方法就是实际进度与计划进度比较的方法，主要包括时标网络计划实际进度前锋线法、横道图法、S 曲线法以及香蕉曲线比较法。

25. **答案：**AD

解析：实际进度前锋线的标定方法有以下两种标定方法：（1）按已完成的实际工程量标定；（2）按尚需时间来标定。

26. **答案：**ABE

解析：监理工程师对施工进度计划审查的内容，主要包括以下三个方面：

（1）工期和时间安排的合理性；（2）施工准备的可靠性；（3）计划目标与施工能力的适应性：

27. **答案：**ACDE

解析：进度计划的审查步骤（程序）是：

（1）阅读文件、列出问题、进行调查了解；

（2）提出问题，与承包人进行讨论或澄清；

（3）对有问题的部分进行分析，向承包人提出修改意见；

（4）审查批准承包人修改后的进度计划。

28. **答案：**ADE

解析：根据合同赋予监理工程师的职责，为减少或避免工程延误事件发生，监理工程师应做好的工作包括：（1）严格按合同规定，开展监理工作，避免监理工作出现失误；（2）严格监督业主和承包人的行为，避免延期事件的发生；（3）对发生的延期事件，及时妥善的处理。本题备选项中，提供施工场地、支付工程进度款是业主应做好的工作。

29. **答案：**ADE

解析：承包人原因或责任造成延误的处理主要有以下几种情况：

（1）若延误对工期没有影响，则应及时提醒承包人，使其加强管理。

（2）若延误已对工程工期产生影响并将造成工期拖延，而且承包人又无权获准延长工期时，则应：指令承包人采取措施，加快施工进度；或指令承包人调整工程进度计划，在后续的施工中抢回延误的时间。

承包人提出和采取的加快工程进度的措施必须经过监理工程师批准。

30. **答案：**ABCE

解析：通过压缩关键工作的持续时间来进行施工进度计划调整。选择压缩的关键工作可以从以下几方面考虑：

（1）选择有利于尽快缩短工期的关键工作；（2）选择因加快进度使工程费用增加较少

的关键工作；(3) 选择技术上容易加快的关键工作；(4) 选择原持续时间相对较长的容易压缩的关键工作；(5) 选择可允许压缩时间较多的关键工作。

三、判断题

1. **答案：** ×

解析： 进度计划是开工前编制的，施工过程中的很多情况是无法事先预知的。为了使进度计划更加符合工程实际情况，针对施工中出现的各种情况，进度计划是可以调整或修改的。

2. **答案：** ×

解析： 流水步距是指相邻的两专业施工队依次投入同一施工段开始施工的时间间隔。

3. **答案：** ×

解析： 工程进度曲线也称为S曲线，它是在直角坐标系中反映时间（工期）与累计工程量（或投资额）关系的曲线。因此，工程进度曲线图只能反映工程进展的总体情况，它无法反映各工作的进展情况。

4. **答案：** ×

解析： 在单代号网络图中，是用节点表示工作，箭线表示工作间的逻辑关系。双代号网络图则是用箭线表示工作，节点表示工作间的逻辑关系。

5. **答案：** ×

解析： 在单代号网络计划图中，如果若干项工作同时开始或若干项工作同时结束时，则要引入虚拟开始工作（虚拟开始节点）或虚拟结束工作（虚拟终点节点），但连接所有节点的都是实箭线。因此，在单代号网络计划图中是没有虚箭线的。

6. **答案：** √

解析： 单代号网络计划图与双代号网络计划图所表示的进度计划内容是一致的，两者的本质区别是网络图的基本符号箭线和节点所表示的意义不同，因此，单代号网络计划图的绘制过程和双代号网络计划图一样。

7. **答案：** ×

解析： 在网络计划图中，关键线路可能不止一条，但至少有一条。

8. **答案：** ×

解析： 在时标网络计划中，其工作箭线右面没有波形线，只说明该工作没有局部时差，不能说明该工作无总时差。

时标网络计划中，工作总时差等于自己的局部时差加上后续工作所组成各条线路的局部时差之和的最小值。

9. **答案：** ×

解析： 关键工作延长几天，计划工期就延长几天，但关键工作缩短几天，计划工期不一定缩短几天。

10. **答案**：×

解析：在双代号网络计划中，关键工作组成的线路一定是关键线路；但在单代号网络计划中，关键工作组成的线路不一定是关键线路。相邻两工作之间的时间间隔为零的关键工作组成的线路才是关键线路。

11. **答案**：√

解析：时标网络计划的关键线路可自终点逆箭线方向朝起始节点逐项进行判定，自始至终不出现波形线的线路为关键线路。

12. **答案**：√

解析：施工进度的检查就是在施工进度计划执行过程中，通过统计掌握实际进度，定期地将实际进度和计划进度进行比较，从而找出两者之间的偏差。

13. **答案**：√

解析：当实际进度滞后于计划进度时就需要对工程进度进行调整。由于关键线路的总持续时间决定了总工期，而且关键线路中任何一项工作的延误必然会导致工期的延误。因此，调整工程进度计划，主要是调整关键线路上的施工安排。

四、综合分析题

1. **答案**：

（1）计算流水步距

由上表知，$m=4$，$n=3$；流水步距 K_{AB}、K_{BC} 按"累加数列错位相减取大差法"计算如下：

K_{AB}计算如下：

$$
\begin{array}{rrrrrr}
 & 3, & 7, & 11, & 16 & \\
-) & & 3, & 6, & 8, & 10 \\
\hline
 & 3, & 4, & 5, & 8, & -10
\end{array}
$$

$K_{AB}=8$ 天

K_{BC}计算如下：

$$
\begin{array}{rrrrrr}
 & 3 & 6 & 8 & 10 & \\
-) & & 2 & 4 & 7 & 10 \\
\hline
 & 3 & 4 & 4 & 3 & -
\end{array}
$$

$K_{BC}=4$ 天

（2）计算流水工期

$T=\sum K+T_n+\sum t_g=(8+4)+(2+2+3+3)+0=22$ 天

绘制横道图如下：

施工工序	施工进度																					
	1	2	3	4	5	6	7	8	9	10	11	12	13	14	15	16	17	18	19	20	21	22
A		Ⅰ				Ⅱ				Ⅲ				Ⅳ								
B					K_{AB}					Ⅰ			Ⅱ		Ⅲ			Ⅳ				
C										K_{BC}				Ⅰ		Ⅱ		Ⅲ			Ⅳ	

2. **答案：**

（1）所绘制的双代号网络计划图如下：

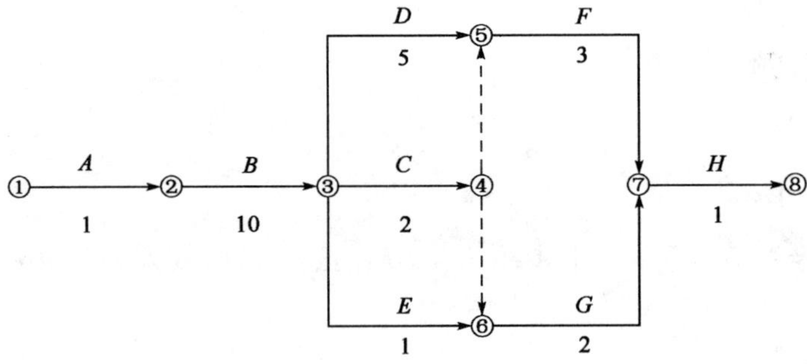

（2）关键线路为：①→②→③→⑤→⑦→⑧

计算工期为 20 天。

考点 10　工程费用监理

一、单项选择题

1. **答案**：D

解析：对于单价合同而言，工程费用的控制主要表现在两个方面：一是对承包人实际完成的工程量的计量控制；二是根据清单单价和结算工程量实施支付控制。因此，工程费用监理的关键环节是计量与支付。费用监理实质上就是对计量与支付的监督管理。

2. **答案**：D

解析：《公路工程施工监理规范》（2006 年版）第 5. 4. 1 项规定，监理工程师必须以质量合格、手续齐全，且符合安全和环保要求，作为计量与支付的先决条件。未经总监理工程师批准不得支付。

3. **答案**：A

解析：《公路工程标准施工招标文件》（2009 年版）通用合同条款第 17. 1. 4（1）目规定，已标价工程量清单中的单价子目工程量为估算工程量。结算工程量是承包人实际完成的，并按合同约定的计量方法进行计量的工程量。

4. **答案**：B

解析：直接费由直接工程费和其他工程费组成。

（1）直接工程费：包括①人工费；②材料费；③机械使用费。

（2）其他工程费：包括①冬季施工增加费；②雨季施工增加费；③夜间施工增加费；④特殊地区施工增加费；⑤行车干扰施工增加费；⑥施工标准化与安全措施费；⑦临时设施费；⑧施工辅助费；⑨工地转移费。

本题备选项 B 企业管理费属于间接费的组成部分。

5. **答案**：D

解析：《公路工程施工监理规范》（2006 年版）第 5. 4. 5 项规定，监理工程师收到施工单位计量申请后应及时计量，对路基基底处理、结构物基础的基底处理及其他复杂、有争议需要现场确认的项目，应会同建设、设计、施工等单位现场计量。

6. **答案**：D

解析：按照合同条款规定，工程计量应以承包人实际完成的符合合同要求的，并按合同约定的计量方法进行计量的工程量，计量的结果应经监理工程师复核确认。

7. **答案**：B

解析：《公路工程标准施工招标文件》（2009 年版）合同条款第 17. 1. 4（6）目规定，监理工程师应在收到承包人提交的工程量报表后的 7 天内进行复核，以确定实际完成的工程量。如监理工程师未在上述时间内复核的，承包人提交的工程量报表中的工程量视为承包人实际完成的工程量，据此计算工程价款。

8. **答案**：C

解析：工程计量的方法主要有：（1）断面法；（2）图纸法；（3）钻孔取样法；（4）分项计量法；（5）均摊法；（6）凭证法；（7）估价法。

9. **答案**：A

解析：《公路工程标准施工招标文件》（2009 年版）合同通用条款第 17. 3. 3 条规定，监理工程师应在收到承包人进度付款申请单以及相应的支持性证明文件后的 14 天内完成核查，提出发包人到期应支付给承包人的金额以及相应的支持性材料。

10. **答案**：D

解析：监理工程师在工程费用支付中的职责包括：

（1）核查承包人的各种付款申请单；

（2）提出业主应向承包人支付的金额以及相应的支持性材料；

（3）向承包人出具经业主签认的付款证书。

11. **答案**：A

解析：《公路工程标准施工招标文件》（2006 年版）合同条款第 13. 3. 3（1）目规定，监理工程师应在收到承包人提交的进度付款申请单后以及相应的支持性证明文件后的 14 天内完成核查，提出发包人到期应支付给承包人的金额，经发包人审查同意后，由监理工程师向承包人出具进度付款证书。

12. **答案**：B

解析：承包人提出索赔的期限有下列两种情况：

（1）承包人接受了交工验收证书后，应被认为已无权再提出在合同工程交工验收证书颁发之前所发生的任何索赔。

（2）承包人提交的最终结清申请单中，只限于提出交工验收证书颁发后发生的索赔。提出索赔的期限自接受最终结清证书时终止。

13. **答案**：C

解析：《公路工程施工监理规范》（2006 年版）第 5. 4. 5 条规定，监理工程师收到施工单位计量申请后应及时计量，对路基基底处理、结构物基础的基底处理及其他复杂、有争议需要现场确认的项目，应会同建设、设计、施工等单位现场计量。

二、多项选择题

1. **答案**：ABC

解析：《公路工程标准施工招标文件》（2009 年版）合同条款模式下工程费用支付时，承包人首先向监理工程师提交付款申请单，并附相应的支持性证明文件。监理工程师核查后提出业主到期应支付给承包人的金额以及相应的支持性材料，经业主审查同意后，由监理工程师向承包人出具经业主签认的付款证书。业主应在合同规定的期限内向承包人付款。当然承包人完成工程所得的工程费用由承包人使用。

由此可知，《公路工程标准施工招标文件》（2009 年版）合同条款模式下费用管理的特点主要有：（1）承包人申请、使用；（2）监理工程师核查；（3）业主支付。

本题备选项 D 和 E 是工程费用的特点。

2. **答案：**ACE

解析：只要清楚工程费用的特点，本题就易正确选择。由于工程费用具有单件计价性、分期分阶段计价性等特点，因此，工程费用支付就有单件性计价支付、多次性计价支付等特点。施工合同履行过程中的费用支付首先应由承包人提出申请，然后由监理工程师审核，报发包人同意后，再由发包人支付款项。

3. **答案：**ABCE

解析：费用监理基本原则包括：（1）依法办事原则；（2）恪守合同原则；（3）公平公正原则；（4）准确及时原则。

4. **答案：**ACDE

解析：工程计量的原则包括：（1）合同性原则；（2）公正性原则；（3）时效性原则；（4）程序性原则。

5. **答案：**ABCE

解析：工程计量的作用主要有：（1）调节合同双方的经济利益关系，促使合同的全面履行；（2）确保监理工程师的核心地位；（3）核实确认承包人实际完成合同工程的准确的数量；（4）为实施费用支付提供依据；（5）是进行质量与进度控制的重要手段。

6. **答案：**BCDE

解析：《公路工程标准施工招标文件》（2009 年版）工程量清单说明第 1.3 款规定，本工程量清单中所列工程数量是估算的或设计的预计数量，仅作为投标报价的共同基础，不能作为最终结算与支付的依据。

《公路工程标准施工招标文件》（2009 年版）通用合同条款第 17.1.4（1）目规定，已标价工程量清单中所开列的工程量为估算工程量。结算工程量是承包人实际完成的，并按合同约定的计量方法进行计量的工程量。

7. **答案：**ABD

解析：根据《公路基本建设工程概、预算编制办法》（2007 年版）规定，公路工程建筑安装工程费由以下四部分构成：（1）直接费；（2）间接费；（3）利润；（4）税金。

8. **答案：**AB

解析：按照《公路工程基本建设项目概算预算编制办法》（2007 年版）的规定，直接工程费包含以下几部分：（1）人工费；（2）材料费；（3）施工机械使用费。

9. **答案：**ABD

解析：《公路工程施工监理规范》（2006 年版）第 5.4.1 条规定，监理工程师必须以质量合格、手续齐全，且符合安全和环保要求，作为计量与支付的先决条件。未经总监理工程师批准不得支付。换句话说，计量与支付的先决条件是已完分项、分部工程质量经过自检和监理检验，确认工程质量合格，且各项试验检测资料齐全有效，同时符合安全和环保的各项要求。

10. **答案：**ABCD

解析：工程计量的依据包括：（1）质量合格证书（中间交工证书）；（2）已标价工程量清单（核定的工程量清单）；（3）技术规范；（4）合同条款（监理合同、施工合同）；（5）设计图纸（设计文件和图纸）；（6）变更令及变更估价文件、变更的工程量等；（7）有关计量的补充协议；（8）测量数据。

11. **答案：**ABDE

解析：工程费用支付的基本原则包括：（1）支付必须以工程计量为基础；（2）支付必须以合同为依据（合同文件中的技术规范、已标价工程量清单以及合同条款等是办理支付的重要合同依据）；（3）支付必须经监理工程师的核查签认；（4）支付不解除施工单位应尽的合同责任和义务；（5）支付必须准确、及时；（6）支付必须严格按规定的程序进行。

12. **答案：**ABDE

解析：监理工程师在工程费用支付中的权限包括：

（1）核查承包人提交的各类付款申请单、向承包人出具经业主签认的付款证书；

（2）对付款证书中存在的错、漏或重复的，有权予以修正；

（3）对不符合技术规范和合同条款要求的工程子目和施工活动，有权暂时拒绝支付；

（4）商定或确定因物价波动或法律变化引起的合同价格调整；

（5）商定或确定变更单价和索赔所产生费用；

（6）其他有关支付方面的权力，例如，指示使用计日工、指令动用暂列金额以及有关质量保证金、按合同条款规定对工程量清单中所列的专业工程进行估价等。

13. **答案：**BCD

解析：根据《公路工程标准施工招标文件》（2009 年版）合同条款的规定，在工程进度付款证书中逐月扣除的款项包括开工预付款、材料设备预付款、质量保证金等。

14. **答案：**ACD

解析：施工合同履行过程中工程费用的支付，按其内容不同，可分为清单支付项目和合同支付项目（也称为清单外支付项目）两类。

所谓清单支付项目，就是指包含在已标价工程量清单内的所有支付项目。清单支付项目包括：（1）单价子目的支付；（2）总价子目的支付；（3）暂列金额；（4）计日工；（5）暂估价。

15. **答案：**AB

解析：暂列金额是指已标价工程量清单中所列的，用于在签订协议书时尚未确定或不可预见变更的施工及其所需材料、工程设备、服务等的金额，包括以计日工方式支付的金额。

16. **答案**：ABDE

解析：合同条款规定，在履行合同中发生以下情形之一，经发包人同意，监理人可根据合同条款的规定指示承包人进行变更：

（1）取消合同中任何一项工作，但被取消的工作不能转由发包人或其他人实施，由于承包人违约造成的情况除外；

（2）改变合同中任何一项工作的质量或其他特性；

（3）改变合同工程的基线、高程、位置或尺寸；

（4）改变合同中任何一项工作的施工时间或改变已批准的施工工艺或顺序；

（5）为完成工程需要追加的额外工作。

17. **答案**：ABCD

解析：费用索赔成立的基本条件有：

（1）有明确的合同依据；（2）有具体的损害事实；（3）索赔期限符合合同规定；（4）索取的费用与损害事实相符。

18. **答案**：ABE

解析：《公路工程标准施工招标文件》（2009 年版）技术规范规定：

（1）路基土石方开挖数量应以经监理工程师校核批准的横断面地面线和土石分界的补充测量为基础，按路线中线长度乘以经监理工程师核准的横断面面积进行计算，以立方米计量，其中包括边沟、排水沟、截水沟的开挖。

（2）挖除路基范围内非适用材料及淤泥（不包括借土场）的数量，应以承包人测量，并经监理工程师审核批准的断面或实际范围为依据的计算数量，分别以立方米计量。

（3）除非监理工程师另有指示，凡超过图纸或监理工程师规定尺寸的开挖，均不予计量。

19. **答案**：BCE

解析：工程费用支付项目按支付内容分为工程量清单以内的支付项目和工程量清单以外的支付项目，即清单支付项目和合同支付项目两大类。

其中，合同支付项目包括九项：（1）开工预付款；（2）材料、设备预付款；（3）质量保证金；（4）工程变更费用；（5）索赔费用；（6）价格调整费用；（7）逾期交工违约金；（8）提前交工奖金；（9）逾期付款违约金。

20. **答案**：AB

解析：根据《公路工程标准施工招标文件》（2009 年版）通用合同条款第 16.1 款的规定，当因物价波动引起合同价格调整时，计算调整合同价格差额采用的方法主要有以下两种：

（1）采用价格指数调整价格差额；

（2）采用造价信息调整价格差额。

三、判断题

1. **答案：**×

解析：费用监理的目的就是在监理计划的指导下，通过对工程费用目标的动态控制，使其能最优地实现。费用监理的目标是使实际支付的工程费用合理，符合合同的要求。费用监理的目的是在监理计划的指导下，通过对工程费用目标的动态控制，使其能最优地实现。

2. **答案：**×

解析：监理工程师所拥有的工程计量权就是对最终的计量结果进行复核、确认的权力。

3. **答案：**×

解析：工程量清单是指招标人按照招标文件中的有关要求及技术规范的有关规定，将工程进行合理分解，据此明确工程内容和范围，并将有关工程内容数量化的一套工程数量表。因此，工程量清单是由招标人（建设单位）的。

4. **答案：**×

解析：《公路工程标准施工招标文件》（2009 年版）合同条款规定，合同中未在工程量清单中填入单价或总额价的工程子目，将被认为其已包含在本合同的其他子目的单价和总额价中，该子目将不予承包人根据对已完成工程计量的结果计量，业主将不另行支付。

5. **答案：**×

解析：《公路工程标准施工招标文件》（2009 年版）合同条款规定，工程计量应以净值为准。因此，桥台等构造物应严格按图纸施工，其完工后是以图纸净尺寸来计量的。

6. **答案：**√

解析：监理工程师对工程计量的控制权实质上就是对计量结果的确认权。因此，无论采用何种计量方式与方法，其最终的计量结果都必须经监理工程师确认。

7. **答案：**×

解析：《公路工程标准施工招标文件》（2009 年版）合同条款规定，监理人向承包人出具进度付款证书，不应视为监理人已同意、批准或者接受了承包人完成的该部分工作。因此，工程计量与支付不解除合同中规定的承包人应尽的义务和责任。

8. **答案：**√

解析：根据合同规定，不符合合同要求的工作不能支付费用。因此，监理工程师有权扣发承包人未能按照合同要求履行任何工作或义务的相应金额。

9. **答案：**×

解析：价格调整在施工合同中有明确规定，应根据合同规定的价格调整方法及可调整的项目给予调价，并将相应的金额增加到合同价格上或合同价格中扣除。

《公路工程施工监理规范》（2006 年版）第 5.6.4 条规定，价格调整和计日工应由监理工程师根按合同规定予以核定。

10. **答案：**√

解析：工程变更主要涉及的是设计图纸和技术规范的变更，而且在合同条款中对其范围作了规定。因此，超出这一范围，就不应视为工程变更，而只能作为合同变更去处理。

11. **答案：**√

解析：《公路工程标准施工招标文件》（2009 年版）技术规范规定，所有场地清理、拆除与挖掘工作的一切挖方、坑穴的回填、整平、压实，以及适用材料的移运、堆放和废料的移运处理等作业费用均含入相关子目单价之中，不另行计量。

四、综合分析题

1. **答案：**

（1）工程量清单应由具有编制招标文件能力的招标人，或受其委托有相应资质的招标代理机构或工程造价咨询单位编制。

（2）工程量清单的作用如下：

①为投标者提供一个报价计算的基础和一个公开公平公正的竞争环境；

②为编制标底提供依据；

③是计价、询标、评标的基础；

④为施工过程的工程进度款支付提供依据；

⑤为办理竣工结算及工程费用索赔提供了重要依据。

（3）工程量清单内容包括以下几部分：

①工程量清单说明；②投标报价说明；③计日工说明；④其他说明；⑤工程量清单各项表格。

2. **答案：**

其计量要求成立，但其支付要求不能成立。理由如下：

（1）《公路工程施工监理规范》（2006 年版）规定，工程量清单中的子目，监理工程师必须以监理工程师必须以质量合格、手续齐全，且符合安全和环保要求，作为计量与支付的先决条件。

该子目施工结束后经监理工程师检查确认质量合格、手续齐全，且符合安全和环保要求，因此可以给予计量。

（2）根据《公路工程标准施工招标文件》（2009 年版）合同条款规定，工程量清单中的所有工程子目，投标人都应填报单价和总额价。承包人未在已标价工程量清单中填入单价或总额价的工程子目，将被认为其已包含在本合同的其他子目的单价和总额价中，发包人将不另行支付。

由上述背景材料可知，该子目承包人没有填报单价，因此不能予以支付。

3. **答案：**

变更工程可根据不同情况，分别按照以下规定进行估价：

（1）如果取消某项工作，则该项工作的总额价不予支付。

（2）已标价工程量清单中有适用于变更工作的子目的，采用该子目的单价。

（3）已标价工程量清单中无适用于变更工作的子目，但有类似子目的，可在合理范围内参照类似子目的单价，由监理人按合同相关条款商定或确定变更工作的单价。

（4）已标价工程量清单中无适用或类似子目的单价，可在综合考虑承包人在投标时所提供的单价分析表的基础上，由监理人按合同相关条款商定或确定变更工作的单价。

（5）如果本工程的变更指示是因承包人过错、承包人违反合同或承包人责任造成的，则这种违约引起的任何额外费用应由承包人承担。

4. 答案：

（1）材料预付款的支付需具备以下条件：

①材料符合规范要求并经监理工程师认可；

②承包人已出具材料费用凭证或支付单据；

③材料已在现场交货，且存储良好，监理工程师认为材料的存储方法符合要求。

（2）监理工程师将材料预付款计入进度付款证书时应注意：

①累计支付材料预付款的金额不应超过合同剩余工作量。

②累计支付材料预付款的材料数量，不应超过工程所需的实际总数量；

③预付款材料的品种应与工程计划进度相匹配；

④已支付材料预付款的材料所有权归业主；

⑤在预计交工前 3 个月，将不再支付材料预付款。

考点11　交工验收与缺陷责任期监理

一、单项选择题

1. **答案**：D

解析：《公路工程施工监理规范》（2006年版）第6条规定，交工验收与缺陷责任期监理的工作内容包括：（1）审查交工验收申请；（2）评定工程质量与编制监理工作报告；（3）参加交工验收；（4）签认交工结账证书；（5）缺陷责任期的监理；（6）签发缺陷责任期终止证书；（7）签认最后支付证书；（8）参加工程竣工验收。

2. **答案**：B

解析：《公路工程标准施工招标文件》（2009年版）合同条款第18条规定，当工程具备合同规定的条件时，承包人即可向监理工程师报送交工验收申请报告。监理工程师审查后认为已具备交工验收条件的，应在收到交工验收申请报告后的28天内提请业主进行工程验收。

发包人经过验收后同意接受工程的，应在监理人收到交工验收申请报告后的56天内，由监理人向承包人出具经发包人签认的交工验收证书。

经验收合格工程的实际交工日期，以最终提交交工验收申请报告的日期为准，并在交工验收证书中写明。

二、多项选择题

1. **答案**：ABCD

解析：《公路工程施工监理规范》（2006年版）第6.0.1条规定，监理工程师应按合同及有关规定要求，审查施工单位提交的合同工程交工验收申请。重点审查：合同约定的各项内容的完成情况；施工自检结果；各项资料的完整性；工程数量核对情况；工程现场清理情况等。

2. **答案**：ACE

解析：《公路工程竣（交）工验收办法》（交通部令2004年第3号）第16条规定，公路工程竣工验收应具备以下条件：

（1）通车试运营2年后；

（2）交工验收提出的工程质量缺陷等遗留问题已处理完毕，并经建设单位验收合格；

（3）工程决算已按交通部规定的办法编制完成，竣工决算已经审计，并经交通主管部门或其授权单位认定；

（4）竣工文件已按交通部规定的内容完成；

（5）对需进行档案、环保等单项验收的项目，已经有关部门验收合格；

（6）各参建单位已按交通部规定的内容完成各自的工作报告；

（7）质量监督机构已按交通部规定的公路工程质量鉴定办法对工程质量检测鉴定合格，并形成工程质量鉴定报告。

3. **答案：**BD

解析：《公路工程竣（交）工验收办法》（交通部令2004年第3号）第4条规定，公路工程验收分为交工验收和竣工验收两个阶段。

交工验收是检查施工合同的执行情况，评价工程质量是否符合技术标准及设计要求，是否可以移交下一阶段施工或是否满足通车要求，对各参建单位工作进行初步评价。

竣工验收是综合评价工程建设成果，对工程质量、参建单位和建设项目进行综合评价。

4. **答案：**ABCD

解析：《公路工程竣（交）工验收办法》（交通部令2004年第3号）第8条规定，公路工程（合同段）进行交工验收应具备以下条件：

（1）合同约定的各项内容已完成；

（2）施工单位按交通部制定的《公路工程质量检验评定标准》及相关规定的要求对工程质量自检合格；

（3）监理工程师对工程质量的评定合格；

（4）质量监督机构按交通部规定的公路工程质量鉴定办法对工程质量进行检测（必要时可委托有相应资质的检测机构承担检测任务），并出具检测意见；

（5）竣工文件已按交通部规定的内容编制完成；

（6）施工单位、监理单位已完成本合同段的工作总结。

5. **答案：**ABCD

解析：《公路工程施工监理规范》（2006年版）规定，缺陷责任期内的监理工作包括：（1）检查施工单位剩余工程的实施情况；（2）巡视检查已完工程；（3）记录发生的工程缺陷，指示施工单位进行缺陷的修复；（4）对完成的剩余工程及修复的工程缺陷进行检查验收；（5）调查、确认工程缺陷发生的原因，责任及修复费用；（6）督促施工单位按合同规定完成竣工资料。

6. **答案：**ABCE

解析：根据《公路工程竣（交）工验收办法》（交通部令2004年第3号）第11条的规定，交工验收中监理单位应负责完成的工作包括：（1）监理单位负责完成监理资料的汇总、整理；（2）协助建设单位检查施工单位的合同执行情况；（3）核对工程数量；（4）科学公正地对工程质量进行评定。

三、判断题

1. **答案：**√

解析：交工验收证书的颁发表明，经验收合格工程的实际交工日期是承包人完成对交工工程的照管和维护责任的日期，而该照管和维护的责任也已从合同工程实际交工日期起正式移交给业主。换句话说，交工验收证书颁发并移交管养后，承包人即不再负责对已交工的工程的照管和维护。

2. **答案：**×

解析：注意区分交工验收与竣工验收的目的。交工验收是检查施工合同的执行情况，评价工程质量是否符合技术标准及设计要求，是否可以移交下一阶段施工或是否满足通车要求，对各参建单位工作进行初步评价。

竣工验收是综合评价工程建设成果，对工程质量、参建单位和建设项目进行综合评价。

竣工验收工程质量等级评定为优良、合格、不合格，工程质量评分值大于等于90分的为优良，小于90分且大于等于75分为合格，小于75分的为不合格。

3. **答案：**×

解析：《公路工程标准施工招标文件》（2009年版）合同条款第18.3.5条规定，经验收合格工程的实际交工日期，以最终提交交工验收申请报告的日期为准，并在交工验收证书写明。

4. **答案：**×

解析：每个单独交工的单位工程都有单独的缺陷责任期，因此每个交工的工程的缺陷责任期都从各自的交工之日起算。由于整个合同工程只能签发一个缺陷责任期终止证书，因此，合同工程的缺陷责任期是从最后交工的那个工程的交工日期起算的。

5. **答案：**√

解析：根据《公路工程施工监理规范》（2006年版）第6.0.5项规定，缺陷责任期内监理的主要工作内容之一就是督促施工单位按合同规定完成竣工资料。

6. **答案：**×

解析：交工验收中监理单位应负责完成的工作主要有：完成监理资料的汇总、整理，协助建设单位检查施工单位的合同执行情况，核对工程数量，科学公正地对工程质量进行评定。

竣工验收中监理单位应负责完成的工作主要有：提交监理工作报告，提供工程监理资料，配合竣工验收检查工作。

四、综合分析题

1. **答案：**

公路工程（合同段）进行交工验收应具备以下条件：

（1）合同约定的各项内容已完成；

（2）施工单位按交通部制定的《公路工程质量检验评定标准》及相关规定的要求对工程质量自检合格；

（3）监理工程师对工程质量的评定合格；

（4）质量监督机构按交通部规定的公路工程质量鉴定办法对工程质量进行检测（必要时可委托有相应资质的检测机构承担检测任务），并出具检测意见；

（5）竣工文件已按交通运输部规定的内容编制完成；

（6）施工单位、监理单位已完成本合同段的工作总结。

2. 答案：

根据《公路工程施工监理规范》（JTG G10—2006）第 6 条的规定，交工验收与缺陷责任期阶段监理工作的主要内容如下：

（1）审查交工验收申请；

（2）评定工程质量与编制监理工作报告；

（3）参加交工验收；

（4）签认交工结账证书；

（5）实施缺陷责任期的监理；

（6）签发缺陷责任期终止证书；

（7）签认最后支付证书；

（8）参加工程竣工验收。

考点 12　工地会议与组织协调

一、单项选择题

1. **答案**：D

解析：根据《公路工程施工监理规范》（2006 年版）的规定，各种工地会议和监理交底会都是由监理工程师主持召开。设计交底会是由建设单位主持召开的，监理工程师应参加。

2. **答案**：C

解析：《公路工程施工监理规范》（2006 年版）第 7.2 条规定：第一次工地会议应在工程正式开工前召开。会议应由总监理工程师主持，建设单位、施工单位法定代表人或授权代表必须出席。各方在工程项目中担任主要职务的人员及分包单位负责人应参加会议。第一次工地会议应邀请质量监督部门参加。

3. **答案**：B

解析：《公路工程施工监理规范》（2006 年版）第 7.2.2 项规定，第一次工地会议上，建设单位应宣布对监理工程师的授权；总监理工程师应宣布对驻地监理工程师授权；施工单位应书面提交对工地代表（项目经理）的授权书。

4. **答案**：B

解析：《公路工程施工监理规范》（2006 年版）第 4.2.11 项规定，总监理工程师应在合同工程开工前主持召开由施工单位项目经理、技术负责人及相关人员参加的监理交底会，介绍监理计划的相关内容。

监理交底会交底的主要内容是监理计划的主要内容。监理交底会可以在开工前单独举行，也可以与第一次工地会议一起举行。

二、多项选择题

1. **答案**：ABCE

解析：公路工程施工监理的组织协调的方法与手段主要有以下几种：

（1）会议协调法。即通过召开各种工地会议进行组织协调。

（2）交谈协调法。交谈包括面对面交谈和电话交谈两种形式。

（3）书面协调法。即通过书面指令、报告、报表、信函、备忘录、会议记录等方式进行组织协调。书面协调方法的特点是具有合同效力。

（4）访问协调法。主要用于外部协调中，有走访和邀请（邀访）两种形式。

（5）情况介绍法。情况介绍法通常是与其他协调方法结合在一起，作为其他协调的引导，包括口头情况介绍和书面情况介绍两种。

2. **答案：**BCD

解析：《公路工程施工监理规范》（2006年版）第7.1.1项规定，工地会议按召开时间、内容及参加人员的不同，分为第一次工地会议、工地例会、专题工地会议三种形式。

3. **答案：**ABCE

解析：根据《公路工程施工监理规范》（2006年版）第7.2.2项规定，第一次工地会议的内容主要包括如下几个方面：

（1）各方应介绍各自的人员、组织机构、职责范围及联系方式。建设单位应宣布对监理工程师的授权；总监理工程师应宣布对驻地监理工程师授权；施工单位应书面提交对工地代表（项目经理）的授权书。

（2）施工单位应陈述开工的各项准备情况；监理工程师应就施工准备以及安全、环保等予以评述。

（3）建设单位应就工程占地、临时用地、临时道路、拆迁、工程支付担保情况以及其他与开工条件有关的内容及事项进行说明。

（4）监理单位应就监理工作准备情况以及有关事项作出说明。

（5）监理工程师应就主要监理程序、质量和安全事故报告程序、报表格式、函件往来程序、工地例会等进行说明。

（6）总监理工程师应进行会议小结，明确施工准备工作还存在的主要问题及解决措施。

4. **答案：**ABCD

解析：《公路工程施工监理规范》（2006年版）第4.2.11项规定，总监理工程师应在合同工程开工前主持召开由施工单位项目经理、技术负责人及相关人员参加的监理交底会，介绍监理计划的相关内容。

因此，监理交底会的内容就是监理计划的内容。监理计划的主要内容包括监理工作的范围和内容、监理工作依据、项目监理组织、监理方法与措施、监理目标、监理工作制度等。

5. **答案：**BC

解析：监理交底会和第一次工地会议都是在工程正式开工前召开，第一次工地会议的内容之一就是说明监理计划的主要内容，这与监理交底会的内容一致，而且这两种会议也都是由总监理工程师主持召开的。如果总监理工程师认为有必要，监理交底会和第一次工地会议可以一起举行。因此，《公路工程施工监理规范》（2006年版）第4.2.11项条文说明规定，监理交底会可以在开工前单独举行，也可以与第一次工地会议一起举行。

三、判断题

1. **答案：**×

解析：第一次工地会议是监理工程在工程开工前对各方（包括建设单位、施工单位、监理单位）开工准备工作情况进行检查的会议，而不仅仅对承包人的施工准备情况进行检查。

2. **答案：**√

解析：《公路工程施工监理规范》（2006 年版）第 7.2.2 项规定，在第一次工地会议上，各方应介绍各自的人员、组织机构、职责范围及联系方式。建设单位应宣布对监理工程师的授权；总监理工程师应宣布对驻地监理工程师授权；施工单位应书面提交对工地代表（项目经理）的授权书。

3. **答案：**×

解析：根据《公路工程施工监理规范》（2006 年版）第 4.2.11 项的规定，总监理工程师应在合同工程开工前主持召开监理交底会，向施工单位主要人员介绍监理计划的内容。

由此可知，监理交底会是向施工单位的主要人员介绍监理计划的主要内容。因此，建设单位负责人可不必参加监理交底会。

四、综合分析题

答案：

（1）第一次工地会议的组织

第一次工地会议应在工程正式开工前召开。总监办应事先将会议议程及有关事项通知建设单位、施工单位及其他有关单位并做好会议准备。会议应由总监理工程师主持，建设单位、施工单位法定代表人或授权代表必须出席。各方在工程项目中担任主要职务的人员及分包单位负责人应参加会议。第一次工地会议应邀请质量监督部门参加。

（2）第一次工地会议的内容

①各方应介绍各自的人员、组织机构、职责范围及联系方式。

建设单位应宣布对监理工程师的授权；总监理工程师应宣布对驻地监理工程师授权；施工单位应书面提交对工地代表（项目经理）的授权书。

②施工单位应陈述开工的各项准备情况；监理工程师应就施工准备以及安全、环保等予以评述。

③建设单位应就工程占地、临时用地、临时道路、拆迁、工程支付担保情况以及其他与开工条件有关的内容及事项进行说明。

④监理单位应就监理工作准备情况以及有关事项作出说明。

⑤监理工程师应就主要监理程序、质量和安全事故报告程序、报表格式、函件往来程序、工地例会等进行说明。

⑥总监理工程师应进行会议小结，明确施工准备工作还存在的主要问题及解决措施。

考点 13　监理文件与资料

一、单项选择题

1. **答案：** C

解析：《公路工程施工监理规范》（2006 年版）第 8. 2. 6 项规定，进度监理文件与资料包括进度计划审批、检查、调整的有关文件；工程开工令、复工令和工程暂停令等。

本题备选项中 A 监理计划为监理管理文件与资料，B 工程延期的批准文件为合同管理文件与资料，D 监理抽检资料为质量监理文件与资料。

2. **答案：** B

解析：《公路工程施工监理规范》（2006 年版）第 8. 2. 8 项规定，监理工程师每月应向建设单位和上级监理机构报送工程监理月报。监理月报的主要内容包括：本月工程概述，工程质量、进度、安全、环保、支付、合同其他事项的管理等的状况，合同执行情况，存在的问题，本月监理工作小结等。

3. **答案：** D

解析：《公路工程施工监理规范》（2006 年版）第 8. 2. 8 条规定，监理工程师每月应向建设单位和上级监理机构报送监理月报，报告本月工程实施情况和监理工作情况。

4. **答案：** B

解析： 巡视是对施工现场进行的经常性巡回检查活动，它不是对某一具体的工序、工艺或部位施工全过程进行监理。在巡视中发现的问题，通过向施工单位发出监理指令，要求施工单位进行处理。

监理人员每天对每道工序的巡视应不少于 1 次，并按规定格式详细做好巡视记录。换句话说，监理人员每次（天）巡视后，应将巡视的主要内容、现场施工概况、发现的问题、处理意见和处理结果等如实记录在巡视记录上。当天问题未及时处理的，应在处理完成之日及时补记。

二、多项选择题

1. **答案：** ABCDE

解析： 监理文件与资料包括：监理管理文件与资料、质量监理文件与资料、施工安全监理与环保监理文件、费用监理文件与资料、进度监理文件与资料、合同管理文件与资料、工程监理月报、监理工作报告，其他文件与资料（包括监理日志、会议纪要、巡视记录、旁站记录、监理工作指令、工程变更令、工程分项开工的申请批复、试验抽检的原始记录等）。

2. **答案**：ABCE

解析：质量监理文件与资料，顾名思义，一定是与质量监理有关的文件资料。质量监理文件与资料包括质量监理措施、规定及往来文件、试验检测资料、监理抽检资料、交工验收工程质量评定资料等。

3. **答案**：BD

解析：在监理文件与资料中，属于监理管理文件与资料的有监理方案、监理计划、监理细则以及监理人员岗位职责、监理单位贯彻质量标准的有关作业文件等。

4. **答案**：ACDE

解析：《公路工程施工监理规范》（2006 年版）第 8. 1. 2 条规定，监理工程师应建立材料、试验、测量、计量支付、工程变更、安全、环保等各项台账，

5. **答案**：ABDE

解析：根据《建设工程文件归档整理规范》（GB/T 50328—2001）的有关规定，属于监理单位短期保管而属于建设单位长期保管的文件是：监理计划、监理细则、专题总结、月报总结。

质量事故报告及处理意见属于监理单位和建设单位都需要长期保管的文件。

6. **答案**：ABCD

解析：根据《公路工程竣（交）工验收办法》附件 5 的规定，监理工作报告内容包括：

（1）监理工作概况：包括合同段监理组织形式、管理结构、人员投入情况。

（2）工程质量管理：包括质量管理措施；施工过程中质量检查情况汇总；质量问题和事故处理情况总结；工程质量评定情况。

（3）施工安全与环保管理情况。

（4）计量支付、工程进度和合同管理情况。

（5）设计变更情况。

（6）交工验收中存在问题及处理情况。

（7）监理工作体会。

三、判断题

1. **答案**：×

解析：根据《公路工程施工监理规范》（2006 年版）第 8. 2. 2 项的规定，监理管理文件与资料主要包括监理计划、监理细则等。

质量监理措施属于质量监理文件与资料的范畴。

2. **答案**：√

解析：《公路工程施工监理规范》（2006 年版）第 8. 1. 2 项规定，监理机构应建立材料、试验、计量支付、工程变更、安全、环保等各项台账，便于监理工程师了解文件与资料

状况，也便于检索与检查。换句话说，建立各项台账是监理文件与资料管理的一种重要管理手段，它可以简明地了解资料简况，便于检索与检查。

3. **答案：**×

解析：列入归档文件的仅是监理文件与资料中的一部分。对不能列入的各类文件与资料，监理单位也应分类整理，竣工后应交建设单位保管。

4. **答案：**×

解析：监理工程师每月应向建设单位和上级监理机构提交工程监理月报。监理工作报告是在工程结束时，监理工程师提交的文件。

5. **答案：**×

解析：监理工作报告是监理机构编制的对监理单位履行监理合同、完成监理服务工作的情况进行自我总结和评价的书面文件。因此，对设计单位和施工单位进行评价不是监理工作报告的内容。

四、综合分析题

1. **答案：**

工程监理月报的主要内容包括：

（1）本月工程概述，本月施工基本情况；（2）本月工程形象进度；（3）工程质量、进度、安全、环保、计量与支付、合同其他事项管理的状况；（4）合同执行情况；（5）存在的问题；（6）本月监理工作小结等。

2. **答案：**

监理工作报告内容如下：

（1）监理工作概况。包括合同段监理组织形式、管理结构、人员投入情况。

（2）工程质量管理。包括质量管理措施；施工过程中质量检查情况汇总；质量问题和事故处理情况总结；工程质量评定情况。

（3）计量支付、工程进度和合同管理情况。

（4）施工安全管理及施工环境保护管理情况。

（5）设计变更情况。

（6）交工验收中存在问题及处理情况。

（7）监理工作体会。

考点 14　公路机电工程监理的特殊要求

一、单项选择题

1. **答案**：C

解析：《公路工程施工监理规范》（2006 年版）第 9. 2. 1 项规定，国产设备、材料应要求施工单位提供生产厂家出具的产品检验合格证、质量检验单和出厂合格证。

2. **答案**：C

解析：《公路工程施工监理规范》（2006 年版）第 9. 2. 1 项规定，监理工程师应审查进场的设备、材料是否符合合同要求，是否具有产品检验合格证、质量检验单和出厂合格证；进口设备、材料还应提交商检部门的检验合格证书。

3. **答案**：B

解析：《公路工程施工监理规范》（2006 年版）第 9. 2. 2 条规定，对施工现场不具备检测条件或无法进行现场检测的主要设备、材料，监理工程师应到生产厂家监督检测。监督检测频率不得低于 15%，当设备数量少于 3 台时宜逐台检测。

4. **答案**：A

解析：根据《公路工程施工监理规范》（2006 年版）第 9. 2. 3 项的规定，应用软件必须经测试合格后，方可进行安装。安装应用开发软件前，应在开发商实验室进行应用开发软件的测试。监理工程师主要进行系统功能、软件运行稳定性测试。数据准确性测试在系统检验测试时进行。

5. **答案**：D

解析：根据《公路工程施工监理规范》（2006 年版）第 9. 2. 16 项的规定，公路机电工程系统检验测试时，施工单位首先按监理工程师批准的测试大纲进行系统测试。施工单位按测试大纲完成自测并提交自测报告。监理工程师经审查认为施工单位的自测项目完整，各项功能、指标满足合同要求后，可由监理工程师主持进行系统检验测试。监理工程师进行的签证测试，按 100% 的项目比例进行。

6. **答案**：B

解析：根据《公路工程施工监理规范》（2006 年版）第 9. 3. 2 项的规定，机电工程试运行主要考查系统设备、开发软件的运行稳定性、可靠性，在此期间监理工程师应巡视系统的试运行情况，并作好巡视记录，应重点检查试运行人员的值班记录、系统工作情况。对发现的问题应要求施工单位及时回应、整改。

二、多项选择题

1. **答案**：ABDE

解析：根据《公路工程施工监理规范》（2006年版）第9节公路机电工程监理的规定，公路机电工程监理可划分为四个阶段：施工准备阶段监理、施工阶段监理、试运行阶段监理、交工验收与缺陷责任期监理。其中，施工阶段监理中，机电设备、材料的厂验、应用软件开发监理、审批系统测试大纲及系统检验测试等是机电工程监理特有的工作内容。另外，系统试运行阶段监理也是机电工程监理特有的工作内容。

2. **答案：**ABCD

解析：《公路工程施工监理规范》（2006年版）第9.3.2项规定，机电工程试运行主要考查系统设备、开发软件的运行稳定性、可靠性，在此期间监理工程师应巡视系统的试运行情况，并作好巡视记录，应重点检查试运行人员的值班记录、系统工作情况。

三、判断题

1. **答案：**√

解析：《公路工程施工监理规范》（2006年版）第9.2.1项规定，进场的计算机平台软件一般应具有软件复制、说明书和最终用户的授权文件，监理工程师应对此进行审查。

2. **答案：**√

解析：《公路工程施工监理规范》（2006年版）第9.2.16条规定，施工单位按测试大纲完成自测并提交自测报告后，可由监理工程师主持现场系统检验测试。受条件限制无法进行的单机测试项目，可使用厂验检测数据。监理工程师应对系统检验测试的各项指标是否合格作出结论。

3. **答案：**×

解析：施工单位开发的应用软件在安装前，必须经监理工程师测试，测试合格后方可进行安装。如果在试运行期以前不安装好，又如何进行机电工程的试运行呢？要知道，试运行的目的之一，就是考查开发软件的运行稳定性和可靠性。

4. **答案：**×

解析：根据《公路工程施工监理规范》（2006年版）第9.2.16项的规定，公路机电工程系统检验测试的内容：施工单位自测与监理工程师签证测试；功能测试（包括软件测试）与技术指标测试。因此，机电工程的系统检验测试的内容之一就是进行系统功能和系统技术指标的测试。而机电系统可靠性、稳定性则在试运行期间进行考验。

考点 15　施工监理招标投标

一、单项选择题

1. **答案**：B

解析：根据《工程建设项目招标范围和规模标准规定》，公路工程建设项目的施工监理合同估算价在50万元人民币以上，或建设项目总投资额在3000万元人民币以上的，必须进行施工监理招标。

2. **答案**：B

解析：施工监理招标的标的是监理服务。监理服务是监理单位的高智能投入，监理服务工作完成的优劣不仅依赖于执行监理业务是否遵循了规范化的管理程序和方法，更多地取决于参与监理工作人员的业务能力、经验、判断能力、创新想像力，以及风险意识。因此招标选择监理单位时，鼓励的是能力竞争，而不是价格竞争。

3. **答案**：B

解析：根据交通部的有关规定，二级及二级以上公路、独立大桥及特大桥、独立长隧道及特长隧道的新建、改建以及养护大修工程项目，其主体工程的施工监理招标文件，应当使用交通运输部颁布的《公路工程施工监理招标文件范本》编制招标文件。

4. **答案**：B

解析：《公路工程施工监理招标投标管理办法》第28条规定，监理企业以联合体方式投标的，由同一专业的监理企业组成的联合体，按照资质等级较低的企业确定联合体的资质等级。

5. **答案**：C

解析：《公路工程施工监理招标投标管理办法》第28条规定，监理企业以联合体方式投标的，联合体各方应当签订共同投标协议，约定各方拟承担的工作和责任。

6. **答案**：C

解析：《公路工程施工监理招标投标管理办法》第42条规定，招标人和中标人应当自中标通知书发出之日起30日内订立书面合同。

7. **答案**：D

解析：根据《公路工程施工监理招标文件范本》（2008年版）合同通用条款规定，正常监理服务费用为施工准备阶段、施工阶段、交工验收及缺陷责任期阶段的监理服务全部费用。

8. **答案**：C

解析：《公路工程施工监理招标投标管理办法》第30条规定，采用固定标价评分法的项目，投标文件由商务文件、技术建议书组成。商务文件和技术建议书应当密封于一个信封中，成为一份投标文件。

9. **答案**：B

解析：技术评分合理标价法，是指对投标人的商务文件和技术建议书进行评分，并按照得分由高至低排序，确定得分前二名中的投标价较低者为中标候选人的方法。

10. **答案**：D

解析：《公路工程施工监理招标投标管理办法》（交通部令2006年第5号）第30条规定，采用技术评分合理标价法和综合评标法评标的项目，投标文件由商务文件、技术建议书、财务建议书组成。

其中，商务文件和技术建议书应当密封于一个信封中，财务建议书密封于另一个信封中。上述两个信封应当再密封于同一信封内，成为一份投标文件。

11. **答案**：C

解析：《公路工程施工监理招标投标管理办法》（交通部令2006年第5号）第30条规定，采用固定标价评分法评标的项目，投标文件由商务文件、技术建议书组成。商务文件和技术建议书应当密封于一个信封中，成为一份投标文件。

投标文件及任何说明函件应当经投标人盖章，投标文件内的任何有文字页须经其法定代表人或者其授权的代理人签字。

12. **答案**：B

解析：施工监理招标的标底是监理服务，招标人对投标人的选择是基于能力的选择。因此，对监理投标结果影响最大的是监理单位的监理服务能力。

13. **答案**：A

解析：技术评审的主要内容包括监理大纲（或监理方案）和措施（20～30分）、对本工程重点、难点分析（5～10分）、对本工程的建议（5～10分）三个方面。其中，权值最大的是监理大纲和措施。

二、多项选择题

1. **答案**：ABD

解析：《公路工程施工监理招标投标管理办法》（交通部令2006年第5号）第8条规定，进行施工监理招标的公路工程项目，应当具备下列条件：

（1）初步设计文件应当履行审批手续的，已经批准；

（2）建设资金已经落实；

（3）项目法人或者承担项目管理的机构已经依法成立。

2. **答案**：ABC

解析：监理单位由建设单位依法选择，一般工程项目应采用竞争性招标方式选择监理单位，包括公开招标和邀请招标；不适宜采用竞争方式的，在经有关主管部门批准后，可由建设单位直接委托。交通运输主管部门及承包人无权为建设单位指定或聘请监理单位。

3. **答案：** AC

解析： 根据《公路工程施工监理招标投标管理办法》（交通部令2006年第5号）第11条的规定，公路工程施工监理招标分为公开招标和邀请招标。

4. **答案：** ABCD

解析： 根据《公路工程施工监理招标文件范本》（2008年版）的规定，监理招标文件的组成与内容如下：（1）招标公告（投标邀请书）；（2）投标人须知；（3）合同通用条款；（4）合同专用条款；（5）监理规范；（6）工程专用规范；（7）技术规范；（8）投标文件格式；（9）中标通知书；（10）监理合同协议书格式；（11）银行预付款保函格式；（12）银行履约保函格式；（13）支付担保保函格式；（14）图纸和资料。

5. **答案：** BE

解析： 参加施工监理投标的监理单位必须具备以下基本条件：

（1）具有相应的施工监理资质等级证书；

（2）持有工商行政管理部门核发的企业法人营业执照。

6. **答案：** BCE

解析：《公路工程施工监理招标文件范本》（2008年版）通用合同条款第6.2条规定，监理服务费用由正常监理服务、附加监理服务和额外服务三个方面的监理费用组成。

其中，正常监理服务费由施工准备阶段、施工阶段和交工验收与缺陷责任期阶段三个阶段监理服务收费组成。正常监理服务费按内容又可分为：（1）派驻监理人员费用；（2）现场费用；（3）企业管理费；（4）利润和税金。

7. **答案：** ABCE

解析： 在计算施工阶段监理服务费的公式中，包含浮动幅度值、收费基价、专业调整系数、工程复杂程度调整系数、高程调整系数几个参数。而收费基价的计费额为工程概算中的建筑安装工程费。

8. **答案：** ABCD

解析： 根据《公路工程施工监理招标文件范本》（2008年版）通用合同条款的规定，监理合同文件的组成包括：（1）监理合同协议书及附件；（2）中标通知书；（3）投标文件；（4）合同专用条款；（5）合同通用条款；（6）工程专用规范；（7）监理规范；（8）技术规范；（9）在合同专用条款中约定的构成本合同组成部分的其他文件。

9. **答案：** ABCE

解析： 评标委员会完成评标后，应向招标人提交书面评标报告。评标报告应当包括以下内容：（1）评标委员会的成员名单；（2）开标记录情况；（3）符合要求的投标人情况；（4）评标采用的标准、评标方法；（5）投标人排序；（6）推荐的中标候选人；（7）需要说明的其他事项。

10. **答案：** BC

解析： 根据《公路工程施工监理招标投标管理办法》（交通部令2006年第5号）第15条的规定，公路工程施工监理招标的招标人应当对潜在投标人进行资格审查。

资格审查方法分为强制性条件审查法和综合评分审查法两种。

11. **答案**：AC

解析：《公路工程施工监理招标投标管理办法》（交通部令 2006 年第 5 号）第 14 条规定，公路工程施工监理招标的招标人应当对潜在投标人进行资格审查。

资格审查方式分为资格预审和资格后审两种。

12. **答案**：ABCD

解析：《公路工程施工监理招标投标管理办法》（交通部令 2006 年第 5 号）第 3 条规定，公路工程施工监理招标投标应当遵循公开、公平、公正和诚实信用的原则。

13. **答案**：ACD

解析：施工监理招标的标底是监理服务，建设单位对施工监理单位的选择是基于能力的选择。因此，建设单位通过招标竞争方式择优选择施工监理单位应以技术水平、管理水平、社会信誉为首要条件。

14. **答案**：CDE

解析：根据《公路工程施工监理招标文件范本》（2008 年版）的规定，财务建议书的构成如下：（1）财务建议书递交函；（2）财务建议书说明；（3）监理服务费报价表（包括：附表 D 监理服务费报价汇总表；附表 D-1 施工阶段监理服务费计算表；附表 D-2 交工验收与缺陷责任期阶段监理服务费计算表；附表 D-3 监理人员工作计划安排表。）

15. **答案**：ACE

解析：监理财务建议书内所包含的监理服务费用由正常监理服务、附加监理服务和额外服务三个方面的监理费用组成。

16. **答案**：ABDE

解析：开标时，投标文件出现以下任一情况，投标文件应作为废标处理：

（1）投标书中所述标段号与外包封的标段号不一致；

（2）正、副本份数不满足招标文件规定；

（3）投标书未按照招标文件规定签署或加盖投标人公章；

（4）投标书未填写投标报价（适用于固定标价评分法）。

17. **答案**：ABCD

解析：《公路工程施工监理招标投标管理办法》（交通部令 2006 年第 5 号）第 38 条规定，施工监理评标可以使用固定标价评分法、技术评分合理标价法、综合评标法以及法律、法规允许的其他评标方法。

本题备选项“E 最低评标价法”是公路工程施工招标中评标的一种方法。

18. **答案**：ACD

解析：由于施工监理招标是对监理单位能力的选择，监理投标是监理单位能力和水平的竞争。技术建议书就是监理单位能力和水平的直接反映。因此技术建议书的评审对监理单位能否中标起着非常重要的作用。技术建议书的评审主要基于以下三个方面：

（1）监理大纲（或监理方案）和措施；（2）对本工程重点、难点分析；（3）对本工程的建议。

19. **答案**：ABDE

解析：根据《公路工程施工监理招标文件范本》（2008 年版）的规定，监理投标文件由以下几部分组成：

（1）商务文件，包括：a. 投标书；b. 联合体协议（如果有）；c. 法定代表人身份证明；d. 授权书（如果有）；e. 投标保证金；f. 资格审查资料（适用于未进行资格预审）；g. 资格审查更新资料（适用于已进行资格预审）；

（2）技术建议书；

（3）财务建议书（适用于综合评标法、技术评分合理标价法）；

（4）招标文件要求提交的其他资料。

20. **答案**：BCE

解析：根据《公路工程施工监理招标文件范本》（2008 年版）的规定，公路工程施工监理投标文件主要由技术建议书、财务建议书、商务文件等组成。

其中，技术建议书的内容包括：工程概况，监理工作范围，现场监理机构设置与人员安排，监理仪器、设备和设施，监理工作程序，监理大纲（或监理方案）和措施，本工程监理工作的重点与难点分析，对本工程的建议等。

本题备选项 A 监理服务费报价表是财务建议书的内容之一。备选项 D 监理单位业绩与信誉是商务文件的内容。

21. **答案**：ABCD

解析：监理技术建议书应表明与监理项目有关的经验和能力，以及对监理工作的理解，因此应主要描述以下几方面：（1）监理组织机构；（2）监理人员的组成及资质；（3）监理工作内容；（4）监理工作方法及措施；（5）应提供的文件。

三、判断题

1. **答案**：×

解析：由于监理招标是对知识、技能和经验等方面综合能力的选择，每一个投标单位的投标书内都会提出具有独特见解或创造性的实施建议，但又各有长处和短处。如果投标单位过多，使评价工作量大增，使得评标时间较为紧张，不利于对投标单位的投标书进行仔细认真的评审，往往会产生事倍功半的效果。因此，公路工程施工监理招标通常采用邀请招标。

2. **答案**：×

解析：监理服务质量主要取决于监理工程师履行监理合同的情况。如果监理工程师严格履行合同，很好地完成合同规定的各项监理职责，那么，监理服务质量就是好的，服务水平就是高的。工程质量的好坏最终取决于承包人，而不是监理工程师。

3. **答案**：×

解析：《公路工程施工监理招标投标管理办法》（交通部令2006年第5号）第14条规定，公路工程施工监理招标的招标人应当对潜在投标人进行资格审查。资格审查方式分为资格预审和资格后审。

一般情况下，当采用公开招标方式时对潜在投标人进行资格预审，而采用邀请招标方式时对潜在投标人进行资格后审。

4. **答案**：×

解析：《公路工程施工监理招标投标管理办法》（交通部令2006年第5号）第24条规定，招标人应当合理确定投标人编制投标文件的时间。投标人编制投标文件的时间，自发售招标文件之日起至提交投标文件截止之日（即开标之日）止不得少于20日。

5. **答案**：√

解析：根据《建设工程监理与相关服务收费管理规定》（发改价格［2007］670号）的规定，交工验收与缺陷责任期阶段监理服务收费一般按监理服务工作所需工日和相关监理人员日监理服务费计算收费。即交工验收与缺陷责任期阶段监理服务费最终结算时，招标人应按交工验收与缺陷责任期阶段监理人员的实际服务时间进行结算。

6. **答案**：×

解析：工程越复杂越重要，对监理人员能力和经验的要求越高。否则，由于监理人员能力或经验不足而产生的一个小小的失误，可能会造成重大的经济损失，因此，费用在评标中占有的权重应越小。

7. **答案**：√

解析：任何函件包括投标文件，都应当在投标截止日期前送达指定地点。在投标截止日期后送达，招标人将拒绝受理。

8. **答案**：×

解析：投标保证金的有效期应当超出投标有效期30天。

9. **答案**：×

解析：监理单位资质、业绩、财务状况等内容应包含在商务文件中。

10. **答案**：×

解析：工程任务越复杂，工程越重要，监理方案越难比较，那么，监理人员的一个很小的失误，将会导致产生非常大的损失。因此，费用对选择监理单位的影响就越小。

四、综合分析题

1. **答案**：

按照国际惯例和我国的现实情况，建设单位委托监理单位后，主要精力应放在积极创造实施工程项目的基本条件和外部环境上，例如积极办理征地拆迁，组织建设资金到位、协调施工单位与地方关系等。监理单位的主要精力应放在搞好项目施工监理上，例如，协助建设单位选择施工单位、督促建设单位与施工单位履行合同，审核设计图纸，做好质量、费用、进度、安全与环保监理等。

2. **答案：**

公路工程施工监理招标，应当按照下列程序进行：

（1）招标人确定招标方式。采用邀请招标的，应当履行审批手续。

（2）招标人编制招标文件，并按照项目管理权限报县级以上地方交通主管部门备案；采用资格预审方式的，同时编制投标资格预审文件。

（3）发布招标公告。采用资格预审方式的，同时发售投标资格预审文件；采用邀请招标的，招标人可直接发出投标邀请书，发售招标文件。

（4）采用资格预审方式的，对潜在投标人进行资格审查，并将资格预审结果通知所有参加资格预审的潜在投标人，向通过资格预审的潜在投标人发出投标邀请书和发售招标文件。

（5）必要时组织投标人考察招标项目工程现场，召开标前会议。

（6）接受投标人的投标文件。

（7）公开开标。

（8）采用资格后审方式的，招标人对投标人进行资格审查。

（9）组建评标委员会评标，推荐中标候选人。

（10）确定中标人，将评标报告和评标结果按照项目管理权限报县级以上地方交通主管部门备案并公示。

（11）招标人发出中标通知书。

（12）招标人与中标人签订公路工程施工监理合同。

3. **答案：**

监理投标文件由以下几部分组成：

（1）商务文件，包括：a. 投标书；b. 联合体协议（如果有）；c. 法定代表人身份证明；d. 授权书（如果有）；e. 投标保证金；f. 资格审查资料（适用于未进行资格预审）；g. 资格审查更新资料（适用于已进行资格预审）；

（2）技术建议书；

（3）财务建议书（适用于综合评标法、技术评分合理标价法）；

（4）招标文件要求提交的其他资料。

其中，最重要的部分是技术建议书最重要。

4. **答案：**

技术建议书的内容包括以下几方面：

（1）工程概述：主要对拟投监理合同段的工程总体概况进行简单描述。

（2）监理工作范围：依据监理合同中约定的监理服务的要求和范围，对拟投监理合同段的监理工作安排、主要监理工程师员的岗位职责进行必要的阐述。

（3）现场监理机构设置与人员安排：通过框图形式，明确拟投监理合同段的组织机构设置，监理机构人员组成；并对拟投入本项目的主要监理工程师员的资质和相关经历给予简单描述。

（4）监理仪器、设备和设施的配备：投标人根据拟投监理合同段的现场工作需要，对拟投入本工程的监理仪器、设备和设施的配备等情况做简要介绍。

（5）监理工作程序：结合监理工作的阶段划分，对工程质量控制、进度控制、费用控制、施工安全控制、施工环境保护、合同及其他事项管理、文件资料管理等方面，进行监理工作的方法与流程的简要阐述。

（6）监理大纲（或监理方案）和措施。

（7）本工程监理工作的重点与难点分析：根据招标文件及现场考察，对本工程监理工作需要特别给予重视的问题逐一论述并给出解决方法。

（8）对本工程建议：为更好地完成本工程的监理工作，监理单位可根据以往的经验，对本工程监理工作提出建议。

第三部分　模 拟 试 卷

模拟试卷一

一、单项选择题（下列每题有四个备选项，从四个备选项中选出唯一的正确答案，每题1分，共20分）

1. 按照有关规定，（　　）被批准后，应正式成立项目法人，并按项目法人责任制实行项目管理。

A. 项目建议书　　B. 可行性研究报告

C. 初步设计文件　　D. 开工报告

2. 在公路工程施工过程中，施工单位是根据（　　）接受监理单位的监督和管理。

A. 设计文件　　B. 监理合同

C. 施工合同　　D. 交通主管部门指令

3. 从全面质量管理的角度来看，工程质量主要取决于（　　）。

A. 企业管理水平　　B. 企业人员的素质

C. 企业人员的工作质量　　D. 工序控制情况

4. 分项工程一般是按分部工程中（　　）划分的。

A. 施工方法　　B. 材料

C. 工序　　D. 路段长度

E. 结构部位

5. 工程监理单位将不合格的建设工程、建筑材料、建筑构配件和设备按照合格签字的，可能受到的处罚不包括（　　）。

A. 责令改正，处50万元以上100万元以下的罚款

B. 责令改正，没收违法所得，处监理合同约定的监理酬金25%以上50%以下的罚款

C. 降低资质等级或者吊销资质证书

D. 有违法所得的，予以没收；造成损失的，承担连带赔偿责任

6. 《建设工程安全生产管理条例》规定，监理工程师未执行法律、法规和工程建设强制性标准的，责令停止执业3个月以上1年以下；情节严重的，吊销执业资格证书，（　　）年内不予注册；造成重大安全事故的，终身不予注册。

A. 1　　B. 3

C. 5　　D. 7

7. 当项目复杂又要求多部门、多专业配合实施，对人才资源利用率要求很高时，工程项目监理机构组织结构模式最适合采用（　　）。

A. 直线型　　B. 职能型

C. 直线—职能型　　D. 矩阵型

8. 在危险场所放置灭火器，这属于风险控制对策中的（　　）。

A. 风险回避　　B. 风险转移

C. 损失控制　　D. 风险分散

9. 在分项工程施工前，监理工程师应审查施工单位申报的原材料、混合料试验资料，对原材料应独立取样进行（　　）。

A. 标准试验　　B. 工艺试验

C. 平行试验　　D. 验收试验

10. 某公路工程施工过程中发生了一起工程质量事故，该质量事故无人员死亡，但造成的直接经济损失650万元，则该质量事故应为（　　）。

A. 一级一般质量事故　　B. 一级重大质量事故

C. 二级重大质量事故　　D. 三级重大质量事故

11. 现有一批波形梁护栏构件运到施工现场，共100箱，每箱20片。拟采用以下随机抽样的方法从中选择200片样本进行质量检验。把整批先分为10组，每组为10箱，然后分别从各组中任意抽取20片，此抽样方法称之为（　　）。

A. 单纯随机抽样　　B. 系统抽样

C. 分层抽样　　D. 密集群抽样

12. 监理工程师应按规定重点对施工过程中使用的水泥、钢材、沥青、碎石等主要原材料和各种混合料进行抽检，抽检频率应不低于施工单位自检频率的（　　）。

A. 10%　　B. 20%

C. 30%　　D. 40%

13. 某标段路基土方工程第一次验收时评分值为70分，经过返工后，再次检验评定其评分值为91.3分，则在计算该标段土石方路基评分时，该路基土方工程得分是（　　）。

A. 70　　B. 82. 2

C. 86.7　　D. 91.3

14. 《公路水运工程安全生产监督管理办法》明确规定，施工现场应当按照每（　　）万元施工合同额配备一名的比例配备专职安全生产管理人员，不足的至少配备一名。

A. 6 000　　B. 5 000

C. 4 0000　　D. 3 000

15. 对于施工过程中出现的严重安全隐患，监理工程师应指令施工单位暂停施工。如果施工单位拒不停止施工的，监理工程师应及时向（　　）报告。

A. 建设单位　　B. 监理单位

C. 有关主管部门　　D. 质监机构

16. 某高速公路施工开始后，监理工程师在巡视时发现施工现场和料场均没有采取洒水防尘措施，而且当地多风，容易产生扬尘。于是，监理工程师书面指令施工单位整改。监理工程师的这种监理行为属于（　　）。

A. 环境监测监理
B. 环保达标监理
C. 环保工程监理
D. 空气质量监理

17. 监理工程师在进度监理中的主要任务是审批承包人编制的施工进度计划，并对(　　)进行监督，从而确保项目进度目标的实现。

A. 施工单位的人员、机械进场情况
B. 资金使用情况
C. 已批准的进度计划执行情况
D. 施工工序安排情况

18. 某网络计划中有一项非关键工作，总时差为5天，局部时差为3天。由于建设单位未能按时提供施工场地，造成该工作拖延了6天，施工单位根据合同条款的规定提出延期申请，监理工程师应批准的延期时间为（　　）天。

A. 1
B. 5
C. 6
D. 8

19. 对实体质量合格，存在外观质量缺陷但不影响使用和安全的工程，监理工程师可（　　），并报建设单位批准。

A. 不予计量支付
B. 依据合同规定折减计量与支付
C. 全部计量支付
D. 请示业主批准后再计量支付

20. 公路工程施工阶段监理服务费是以建设项目（　　）分档定额计费方式计算。

A. 工程概算投资额
B. 工程概算中的建筑安装工程费
C. 工程预算投资额
D. 工程预算中的建筑安装工程费

二、多项选择题（下列每题所列备选项中，有两个或两个以上正确答案，选项全部正确得满分，选项部分正确按比例得分，出现错误选项该题不得分，每题2分，共40分）

1. 对于工程监理而言，下列说法正确的有（　　）。

A. 工程监理的行为主体是施工单位
B. 监理单位和施工单位没有关系
C. 建设单位和监理单位是合同关系
D. 建设单位和施工单位是合同关系
E. 工程监理是一种专业化的技术服务

2. 公路工程施工监理的主要依据包括（　　）等。

A. 国家和地方法律、法规
B. 国家和行业、地方有关标准、规范、规程
C. 监理合同和施工合同
D. 工程设计文件和工程实施过程中有关的函件
E. 施工方案及施工工艺说明

3. 工程监理的性质包括（　　）。

A. 强制性
B. 服务性
C. 公正性
D. 科学性
E. 委托性

4. 施工准备阶段施工单位应编制的保证体系包括（　　）。

A. 质量保证体系
B. 施工安全生产管理体系
C. 进度保证体系
D. 费用保证体系
E. 施工环境保护管理体系

5. 根据公路工程分级标准，下列公路工程中属于二类公路工程的是（　　）。

A. 高速公路
B. 高速公路路基工程
C. 二级以下各级公路
D. 一级公路
E. 一级公路路基工程

6. 以下各备选项中，属于监理工程师在质量监理方面职责的有（　　）。

A. 审批施工组织设计
B. 审核签认工程量清单
C. 审查质量保证体系
D. 审查分项工程开工申请
E. 审批专项施工方案

7. 符合“统一指挥原则”的组织结构模式有（　　）。

A. 直线式
B. 职能式
C. 直线—职能式
D. 矩阵式
E. 混合式

8. 目标的动态控制是一个有限的循环过程，应贯穿于工程项目实施阶段的全过程。动态控制的过程可分为（　　）等几个基本步骤。

A. 确定目标
B. 制定措施
C. 检查成效
D. 分析成果
E. 纠正偏差

9. 下列各项工作中，属于施工准备阶段监理工作内容的有（　　）。

A. 熟悉合同文件
B. 确认场地占用计划
C. 审批复测结果
D. 召开第一次工地会议
E. 召开监理交底会

10. 以下各备选项中，属于监理计划内容的有（　　）。

A. 工程项目概况
B. 监理工作依据、范围和目标
C. 监理工作制度
D. 监理机构组织形式
E. 质量监理重点与难点

11. 按照有关规定，下列工序或部位宜列为旁站项目的有（　　）。

A. 路基土石方工程中的软土地基处治试验工程
B. 大型挡土墙基础的混凝土浇筑
C. 路面基层混合料摊铺与碾压
D. 沥青面层的试验工程
E. 桥梁桩基中的试桩、钢筋笼安放、混凝土浇筑

12. 当因施工而引起的质量缺陷处在萌芽状态时，监理工程师应及时制止，并根据具体情况要求施工单位（　　）。

A. 立即更换不合格的材料、设备

B. 立即撤换不称职的施工人员

C. 立即暂时停止相关部位的施工

D. 划分责任，明确修复费用的归属

E. 立即改变不正确的施工方法及操作工艺

13. 根据《建设工程安全生产管理条例》的规定，下列达到一定规模的分部分项工程，施工单位应当编制专项施工方案的有（　　）。

A. 基坑支护与降水工程　　B. 土方开挖工程

C. 模板工程　　D. 混凝土工程

E. 脚手架工程

14. 交通运输部颁布的《公路水运工程生产安全事故应急预案》（交质监发［2011］6号）中规定，公路工程生产安全事故应急预案体系由（　　）构成。

A. 总体预案　　B. 专项预案

C. 地方预案　　D. 项目预案

E. 现场预案

15. 监理工程师应每天对施工过程中的危险性较大工程作业情况进行巡视检查，发现未按施工方案施工或违规作业行为应及时制止，巡视检查的作业重点包括（　　）。

A. 高处作业　　B. 起重作业

C. 混凝土摊铺　　D. 预应力张拉作业

E. 支架、脚手架的搭设与拆除

16. 公路工程施工组织的主要研究对象是（　　）。

A. 时间问题　　B. 空间问题

C. 资源问题　　D. 经济问题

E. 组织问题

17. 施工进度计划的及时调整是进度控制的重要内容。在进度计划的调整中，可采取的技术措施有（　　）。

A. 采用先进的施工机械　　B. 改进施工工艺和施工技术

C. 采用更先进的施工方法　　D. 改善外部配套条件

E. 增加工作面，组织更多的施工队伍

18. 根据有关规定，下列文件中，属于监理单位长期保存的监理文件有（　　）。

A. 监理计划　　B. 监理细则

C. 不合格项目通知　　D. 工程延期报告及审批

E. 监理月报中的有关质量问题

19. 施工监理投标文件中的技术建议书应主要描述（　　）。

A. 监理组织机构　　B. 监理机构人员组成

C. 监理工作内容　　D. 监理工作方法和措施

E. 监理的期限长短

20. 公路工程费用支付的基本原则包括（　　）。

A. 支付必须以工程计量为基础　　B. 支付必须以合同为依据

C. 支付必须遵循严格的程序　　D. 支付必须及时、准确

E. 支付必须经业主同意

三、判断题（下列每题列出一个可能的事实，通过审题给出该事实是正确还是错误的判断，每题1分，共10分）

1. 工程监理的核心是减少建设单位在工程管理中的权力，从而使施工单位能自由的组织施工。（　　）

2. 监理工程师的法律地位是由国家法律、法规确定的，与监理合同无关。（　　）

3. 通过工程保险可以转移建设工程的所有风险。（　　）

4. 所有分项、分部工程都必须编制监理细则。（　　）

5. 在分项工程质量检验评定时，如果经检查不符合基本要求规定时，则不得进行工程质量检验评定。（　　）

6. 监理工程师如果发现施工中存在违反有关环保规定、未按合同要求落实环保措施的情况，可立即报告环保主管部门。（　　）

7. 在施工进度网络计划中，关键工作延长几天，计划工期就要延长几天。关键工作缩短几天，计划工期也缩短几天。（　　）

8. 费用监理的目标就是尽可能减少费用的支付。（　　）

9. 如果工程量清单中某工程子目承包人在投标报价时未填写单价，则在计量该子目并确定支付时，应由监理工程师会同业主及承包人协商确定单价及支付的费用。（　　）

10. 经验收合格工程的实际交工日期，以向承包人签发交工验收证书的日期为准。（　　）

四、综合分析题（本题共2小题，每题15分，共30分）

1. 某高速公路在施工过程中发生了大面积边坡坍塌，有关各方立即组成事故调查组对该质量事故调查处理。该事故没有造成人员伤害，但造成直接经济损失80万元。

试回答：

（1）请对该质量事故进行分类分级。

（2）简述该质量事故的处理程序。

2. 通过公开招标，某监理单位承担了某高速公路土建工程项目监理业务。该工程开工里程25km，建安费为9亿元，合同工期为3年。监理合同签订后，该监理单位根据监理合同规定的监理服务内容、服务期限、工程项目组成、工程规模、技术复杂程度、现场条件等因素组建监理机构。

试回答以下问题：

（1）该监理单位应设置一级还是二级监理机构？

（2）建立该工程项目监理机构的步骤除了确定工程监理目标和确定监理工作内容之外，还有哪些步骤？

（3）项目监理机构对监理人员结构有哪些要求？

（4）该工程监理机构应配备几名交通运输部核准资格的监理工程师？

（5）指出以下监理工作分别属于哪类监理人员的职责。

①参与编制监理计划，主持编制监理细则。

②负责组建监理驻地试验室。

③审查承包人提交的涉及本专业的计划、方案、申请、变更，并向总监理工程师或驻地监理工程师提出报告。

④主持召开监理交底会、第一次工地会议。

⑤提出变更、延期、索赔及质量和安全事故处理等方面的初步意见

⑥施工时发生重大问题和遇到紧急情况，及时向总监理工程师报告、请示。

模拟试卷二

一、单项选择题（下列每题有四个备选项，从四个备选项中选出唯一的正确答案，每题1分，共20分）

1. 下列各备选项中，属于施工准备阶段监理准备工作的是（　　）。

A. 参加设计交底　　B. 检查保证体系

C. 编制监理计划　　D. 审批工程划分

2. 如果初步设计提出的总概算超过工程可行性研究报告确定的总投资估算（　　）以上或其他主要指标需要变更时，要重新报批工程可行性研究报告。

A. 5%　　B. 10%

C. 15%　　D. 20%

3. 社会监理的（　　）是监理单位区别于其他一般服务性组织的重要特征，也是其赖以生存的重要条件。

A. 委托性　　B. 科学性

C. 公正性　　D. 执法性

4. 某一级公路划分为三个合同段，在对该项目进行划分时，每个合同段范围内的路基工程可作为（　　）。

A. 单项工程　　B. 单位工程

C. 分部工程　　D. 分项工程

5. 按照公路工程分级标准，下列公路工程属于二类公路工程的是（　　）。

A. 高速公路　　B. 一级公路路基工程

C. 高速公路路基工程　　D. 二级公路

6. 职能部门与指挥部门之间容易产生矛盾的监理组织形式的是（　　）监理组织。

A. 职能式　　B. 直线—职能式

C. 直线式　　D. 矩阵式

7. 在易燃、易爆物堆放地点规定严禁烟火等措施，这属于风险控制对策中的（　　）。

A. 风险转移　　B. 损失控制

C. 风险分散　　D. 风险回避

8. 某高速公路项目土方工程开工前，承包人对未被扰动的原始地面线进行了测定，共有测点500个，监理工程师对该段土方工程地面线的抽测点数至少应为（　　）个。

A. 50　　B. 75

C. 100　　D. 150

9. 由承包人提供的材料，在施工之前监理试验室应进行抽样检验，以确定该材料是否可以用于工程。监理试验室对该材料的抽样检验属于（ ）。

A. 标准试验　　B. 工艺试验

C. 验证试验　　D. 验收试验

10. 下列公路工程质量事故，可由监理机构处理的是（ ）。

A. 质量问题　　B. 一般质量事故

C. 重大质量事故　　D. 特别重大质量事故

11. 利用生产过程处于稳定状态下的产品质量特性值分布服从正态分布这一统计规律来识别生产过程的异常因素，以保证工序处于控制状态的方法是（ ）。

A. 排列图法　　B. 直方图法

C. 控制图法　　D. 因果分析图法

12. 有一批产品共100箱，每箱20件，现从整批产品中，分别从每箱中任意抽取2件进行检验，则这种抽样的方法为（ ）。

A. 密集群抽样　　B. 单纯随机抽样

C. 系统抽样　　D. 分层抽样

13. 在公路工程质量检验评定时，分项工程和分部工程区分为（ ），分别予以1和2的权值。

A. 通用工程和专用工程　　B. 一般工程和主要（主体）工程

C. 关键工程和非关键工程　　D. 辅助工程和主体工程

14. 监理工程师应对危险性较大的工程作业应定期巡视检查，如发现严重的安全事故隐患，监理工程师应（ ）。

A. 签发工程暂停令，并报告建设单位　　B. 指令继续施工，但应整改

C. 报告有关主管部门　　D. 通知施工单位自行处理

15. 某公路桥梁工程施工过程中，发生了由于施工人员违章操作导致支架倒塌，造成8人死亡的生产安全事故。该生产安全事故等级属于（ ）。

A. 特别重大事故　　B. 重大事故

C. 较大事故　　D. 一般事故

16. 环境达标监理的工作方式以（ ）为主。

A. 旁站　　B. 巡视

C. 询问　　D. 监测

17. 在工程进度监理的几种基本方法中，（ ）既可在审批施工进度计划时用于判断施工单位编制的施工进度计划是否合理，又可在工程费用监理中作为工程计量及费用支付的依据。

A. 横道图法　　B. 工程进度曲线法

C. 斜条图法　　D. 网络计划图法

18. 下列有关网络计划的说法中，正确的是（ ）。

A. 关键线路上的工作是关键工作，关键工作连接起来一定是关键线路

B. 关键线路上的节点是关键节点，关键节点连接起来一定是关键线路

C. 非关键线路上的工作都是非关键工作

D. 关键线路是固定不变的，它与非关键线路不能相互转化

19. 监理工程师收到施工单位计量申请后应及时计量，对路基基底处理、结构物基础的基底处理及其他复杂、有争议需要现场确认的项目，（　　）。

A. 根据承包人上报的测量资料计量

B. 经建设单位批准后即可计量

C. 经监理工程师现场复核后即可计量

D. 应会同建设、设计、施工等单位现场计量

20. 在进行监理服务费用计算时，通常是将正常监理服务费用划分为（　　）。

A. 施工阶段监理服务费

B. 施工准备阶段监理服务费、施工阶段监理服务费

C. 施工阶段监理服务费、交工验收及缺陷责任期阶段监理服务费

D. 施工准备阶段监理服务费、施工阶段监理服务费、交工验收及缺陷责任期阶段监理服务费

二、多项选择题（下列每题所列备选项中，有两个或两个以上正确答案，选项全部正确得满分，选项部分正确按比例得分，出现错误选项该题不得分，每题2分，共40分）

1. 根据监理的工作性质与要求，监理工程师的知识结构应包括（　　）等方面。

A. 经济　　B. 技术

C. 协调　　D. 管理

E. 法律

2. 公路工程施工企业建立自检系统应包括（　　）等工作。

A. 确定质量控制目标　　B. 建立组织机构

C. 配备自检人员　　D. 配备试验检测设备

E. 建立采用标准化、规范化的工作制度和方法

3. 分项工程一般是按分部工程中（　　）划分的。

A. 施工方法　　B. 材料

C. 工序　　D. 路段长度

E. 结构部位

4. 获得公路工程专业乙级监理资质的监理单位，可在全国范围内从事（　　）等项目的监理业务。

A. 特大桥　　B. 一级公路

C. 中隧道　　D. 高速公路路基工程

E. 高速公路

5. 按照有关规定，总监理工程师应具备的资格条件包括（　　）。

A. 具有相应专业高级技术职称　　B. 五年以上的现场工程监理经历

C. 十年以上的专业工作经历　　D. 取得监理工程师资格证书

E. 担任过两项以上同类工程的总监或驻地职务

6. 以下各备选项中，属于监理工程师在进度监理方面职责的有（　　）。

A. 审批总体施工进度计划　　B. 审批分项工程的施工组织及人员

C. 签发合同工程开工令　　D. 监督检查进度计划的执行情况

E. 编制并提交监理月报

7. 当公路工程项目采用二级监理机构时，应配备的监理人员一般包括（　　）。

A. 总监理工程师　　B. 驻地监理工程师

C. 专业监理工程师　　D. 监理员

E. 业主代表

8. 以下各备选项中，属于施工准备阶段监理准备工作的有（　　）。

A. 配备试验室设备　　B. 审核工地试验室

C. 熟悉合同文件　　D. 参加设计交底

E. 编制监理计划

9. 以下各备选项中，属于标准试验的是（　　）。

A. 标准击实试验　　B. 集料的筛分试验

C. 混合料的配合比试验　　D. 结构的强度试验

E. 土基承载比试验

10. 分项工程开工之前，监理工程师应审查或审批的事项包括（　　）等。

A. 施工测量放线　　B. 工程原材料与混合料

C. 施工方案及主要工艺　　D. 工程分包

E. 质量保证体系

11. 分项工程质量检验内容包括四个部分，它们分别是（　　）。

A. 基本要求　　B. 实测项目

C. 外观鉴定　　D. 质量保证资料

E. 检验报告

12. 下列各种应急预案中，应由施工单位制订的有（　　）。

A. 公路交通突发事件应急预案　　B. 公路工程生产安全事故应急预案

C. 公路工程建设项目总体应急预案　　D. 公路工程建设项目合同段应急预案

E. 公路工程建设项目危险性较大工程的专项应急预案

13. 在公路施工监理过程中，监理人员应着重检查和控制施工对（　　）的影响。

A. 生态环境　　B. 水环境

C. 大气环境　　D. 声环境

E. 社会经济环境

14. 公路工程施工过程的基本组织原则有（　　）。

A. 连续性原则　　B. 组织性原则

C. 均衡性原则　　D. 协调性原则

E. 经济性原则

15. 监理工程师对承包人提出的延期要求的审批应遵循的原则有（　　）。

A. 符合合同规定　　B. 符合实际情况

C. 延误事件发生在关键线路上　　D. 与承包人协商

E. 报告主管部门批准

16. 下列文件中，属于监理单位短期保管而属于建设单位长期保管的文件有（　　）。

A. 监理计划　　B. 监理细则

C. 质量事故报告及处理意见　　D. 专题总结

E. 月报总结

17. 适合于公路工程质量检验的随机抽样方式有（　　）。

A. 系统抽样　　B. 密集群抽样

C. 分层抽样　　D. 单纯随机抽样

E. 非系统性抽样

18. 公路工程施工质量监理的基本方法有（　　）。

A. 检查核实　　B. 巡视、旁站

C. 抽样试验　　D. 指令文件

E. 工序交接

19. 依据《公路工程施工监理招标文件范本》，监理投标文件中商务文件的内容组成有（　　）。

A. 投标书　　B. 法定代表人身份证明

C. 财务建议书　　D. 投标保证金

E. 监理服务报价表

20. 下列计量方式中，属于公路工程计量方式的有（　　）。

A. 合同计量法　　B. 实地测量计算法

C. 比例计量法　　D. 记录和图纸计算法

E. 清单数量包干计算法

三、判断题（下列每题列出一个可能的事实，通过审题给出该事实是正确还是错误的判断，每题1分，共10分）

1. 施工单位应按施工监理合同的约定接受监理单位的监督和管理。（　　）

2. 监理工程师代表建设单位对工程质量实施监理，并对工程质量负有现场管理责任。（　　）

3. 风险转移是一种不道德的行为，它有悖于诚信原则，应当尽量避免采用。（　　）

4. 工程项目由于监理工程师的签认而出现了工程质量问题，由此造成承包人的经济损失，监理工程师就应承担赔偿该损失的责任。 (　　)

5. 合同段和建设项目工程质量评分值应按《公路工程质量检验评定标准》计算。 (　　)

6. 进度计划是进度监理的主要依据，因此，该计划一经批准就不得改动。 (　　)

7. 工程网络计划中，关键工作组成的线路一定是关键线路。 (　　)

8. 工程量清单中没有填报单价的项目不予计量。 (　　)

9. 根据有关规定，监理工程师只对需支付费用的项目进行计量，其他项目则不予计量。 (　　)

10. 合同工程交工验收证书签发之日起本工程就进入缺陷责任期。 (　　)

四、综合分析题（本题共2小题，每题15分，共30分）

1. 施工准备阶段是施工监理的重要工作阶段，是事先监理、主动监理的具体体现，也是为施工阶段奠定良好基础的阶段。

请根据《公路工程施工监理规范》的相关规定，简要说明公路工程施工准备阶段监理工作的主要内容。

2. 某高速公路施工项目，业主通过公开招标分别与监理单位和施工总承包单位签订了监理合同与施工总承包合同。施工总承包合同约定，在施工过程中，施工总承包单位因没有水利工程施工资质，可提出将跨越某水利设施的分离式立体交叉工程进行专业分包。为了保证工程进度，业主代表选择了一家具有水利工程施工资质的专业施工公司，将公路跨越水利设施的分离式立体交叉工程分包给该专业施工公司（但未签订合同），并向施工总承包单位和监理单位发函通知，要求施工总承包单位配合该分包单位施工。

根据上述材料试回答以下问题：

（1）你认为业主代表的做法正确吗？为什么？

（2）分包单位施工结束后，向监理工程师报送了工程款支付申请单和工程结算书，你认为监理工程师应如何处理？为什么？

模拟试卷三

一、单项选择题（下列每题有四个备选项，从四个备选项中选出唯一的正确答案，每题1分，共20分）

1. 总监理工程师应具有相应专业的高级技术职称、取得交通部监理工程师资格证书、（　　）年以上的现场工程监理经历、担任过两项以上同类工程的总监或驻地职务。

A. 7　　B. 5

C. 3　　D. 1

2. 在业主授予或合同赋予监理工程师的各项权力中最核心的权力是（　　）。

A. 技术上的核定权　　B. 组织协调的主持权

C. 施工进度的确认权和否决权　　D. 工程款支付的确认权和否决权

3. 监理试验室设备应按监理合同要求，根据不同监理层次分工负责的原则配备。原则上总监办中心试验室应按公路工程（　　）监理企业的要求配备试验检测设备。

A. 甲级　　B. 乙级

C. 丙级　　D. 暂定级

4. 工程项目风险管理计划中最重要的风险转移技术是（　　）。

A. 保险转移　　B. 合同转移

C. 工程分包　　D. 第三方担保

5. 在质量控制中，当检查发现偏差超过允许范围，决定采取纠偏措施时，首选的措施是（　　）。

A. 组织措施　　B. 经济措施

C. 技术措施　　D. 合同措施

6. 下列各备选项中，（　　）既是监理计划编制的依据，也是监理细则编制的依据。

A. 施工组织设计　　B. 建设单位的正当要求

C. 监理合同　　D. 施工环境调研资料

7. 下列公路工程质量事故，可由监理机构处理的是（　　）。

A. 质量问题　　B. 一般质量事故

C. 重大质量事故　　D. 特别重大质量事故

8. 在质量控制常用的统计方法中，（　　）适用于对大量计量值数据进行加工、找出其统计规律，即分析数据分布的形态，以便对其总体分布特征进行推断的方法。

A. 相关图法　　B. 频数直方图法

C. 控制图法　　D. 排列图法

9. 下列选项中，与分项工程评分值无关的是（　　）。

A. 基本要求检查得分　　B. 分项工程得分

C. 外观缺陷减分　　D. 资料不全减分

10.《建设工程安全生产管理条例》规定，建设工程施工前，施工单位负责项目管理的技术人员应当对有关安全施工的技术要求向（　　）作出详细说明，并由双方签字确认。

A. 设计人员　　B. 建设单位有关人员

C. 施工作业班组、作业人员　　D. 监理人员

11. 在城市市区噪声敏感区域内，禁止夜间进行产生噪声污染的施工作业，但个别情况除外，必须（　　）。

A. 报经环境行政主管部门审核　　B. 公告附近居民

C. 报经环境行政主管部门批准　　D. 向附近居民支付费用

12. 进度监理总的原则就是在确保质量和安全的基础上，以（　　）控制为主线进行。

A. 质量　　B. 安全

C. 计划　　D. 费用

13. 监理工程师必须以质量合格、手续齐全，且（　　），作为计量与支付的先决条件。

A. 建设单位同意　　B. 施工单位申请

C. 监理工程师审核　　D. 符合安全和环保要求

14. 监理工程师在收到承包人进度付款申请单以及相应的支持性证明文件后的（　　）天内完成核查，提出发包人到期应支付给承包人的金额。

A. 14　　B. 21

C. 28　　D. 35

15. 根据有关规定，各类路面工程数量的计量方法是（　　）。

A. 按监理工程师验收合格的铺筑面积和设计厚度的乘积以立方米计量

B. 按图纸所示和监理工程师验收合格的面积，按不同厚度分别以平方米计量

C. 按下层（路床或基层、下面层）结构已验收计量的面积减去本层两侧边缘缩进的宽度所占面积以平方米计量

D. 验收合格后，按工程量清单数量计量

16. 下列款项中，需要在支付之前提供担保的是（　　）。

A. 工程进度款　　B. 开工预付款

C. 材料预付款　　D. 保险金

17. 监理工程师组织协调的方法中具有合同效力的是（　　）。

A. 会议协调法　　B. 交谈协调法

C. 书面协调法　　D. 访问协调法

18. 工地会议应由主持单位作好记录，会议形成的纪要应由参加单位确认，并可作为（　　）的一部分。

A. 监理计划　　B. 施工组织设计

C. 合同文件
D. 技术规范

19. 对施工现场不具备检测条件或无法进行现场检测的主要设备、材料，监理工程师应到生产厂家监督检测。监督检测频率不得低于（　　）。

A. 5%
B. 15%
C. 25%
D. 50%

20. 在公路施工监理招标投标中，如采用固定标价评分法评标时，其监理投标文件中必定不包含（　　）。

A. 技术建议书
B. 财务建议书
C. 商务文件
D. 招标文件要求提交的其他资料

二、多项选择题（下列每题所列备选项中，有两个或两个以上正确答案，选项全部正确得满分，选项部分正确按比例得分，出现错误选项该题不得分，每题2分，共40分）

1. 作为从事公路工程施工监理工作的监理工程师，其资格包括（　　）两个方面。

A. 技术职称资格
B. 监理执业资格
C. 行政职务资格
D. 监理岗位资格
E. 专业能力资格

2. 按照交通运输部的有关规定，公路工程监理工程师实行登记管理制度。凡取得交通运输部公路工程监理工程师或专业监理工程师资格的人员，应按规定进行（　　）。

A. 学历登记
B. 从业登记
C. 上岗登记
D. 业绩登记
E. 注册登记

3. 以下各备选项中，属于监理工程师在进度监理方面职责的有（　　）。

A. 审批总体施工进度计划
B. 审批分项工程的施工组织及人员
C. 签发合同工程开工令
D. 监督检查进度计划的执行情况
E. 编制并提交监理月报

4. 按照有关规定，要取得公路工程监理工程师岗位资格，必须经过（　　）。

A. 监理业务培训
B. 执业资格考试
C. 执业资格确认
D. 专业技术考核
E. 从业登记和业绩登记

5. 当工程项目采用一级监理机构时，总监办的职责包括（　　）。

A. 日常巡视、旁站、抽检，并做好记录
B. 核算工程量清单，负责对已完工程进行计量
C. 审批施工组织设计及总体进度计划、工程材料及混合料配合比
D. 监督公路建设市场秩序，依法查处公路建设违法行为
E. 签发支付证书、合同工程开工令、单位或合同工程的暂停令和复工令

6. 风险转移是最重要的风险控制对策。工程风险转移的有效途径有（　　）。

A. 工程保险　　B. 工程担保
C. 工程分包　　D. 合同转让
E. 风险自留

7. 用来表示质量数据离散程度的特征量有（　　）。

A. 中位数　　B. 极差
C. 标准偏差　　D. 变异系数
E. 算术平均值

8. 在公路工程施工过程中，工程质量的波动分为正常波动和异常波动。以下原因中，可造成工程质量产生正常波动的有（　　）。

A. 原材料质量的显著变化　　B. 工人操作的微小变化
C. 周围环境的微小变化　　D. 工人不遵守操作规程
E. 施工机械设备的调整不当

9. 通常情况下，旁站监理人员应对（　　）进行旁站。

A. 试验工程　　B. 各种原材料、混合料的试验
C. 重要隐蔽工程　　D. 重要工程部位、重要工序及工艺
E. 完工后无法检测其质量或返工会造成较大损失的工程

10. 按照有关规定，施工单位的（　　）必须取得考核合格证书，方可参加公路工程投标及施工。

A. 主要负责人　　B. 项目负责人
C. 试验室负责人　　D. 财务负责人
E. 专职安全生产管理人员

11. 引发生产安全事故的基本因素有（　　）。

A. 不安全状态　　B. 不安全行为
C. 环境变化　　D. 起因物
E. 致害物

12. 施工单位编制的基坑支护、土方开挖、爆破等工程的专项施工方案，必须经（　　）签字后方可实施。

A. 建设单位负责人　　B. 施工单位负责人
C. 监理单位负责人　　D. 施工单位技术负责人
E. 总监理工程师

13. 施工阶段环境保护监理的工作内容有（　　）。

A. 审查施工组织设计中的环保方案和措施
B. 审查临时用地方案
C. 对工地进行巡视
D. 向施工单位发出环保工作指令
E. 检查取（弃）土场的复绿是否达到环保要求

14. 监理工程师应要求施工单位在合同规定的期限内编制并提交进度计划。一份完整的进度计划应包含（　　）等。

A. 文字说明
B. 进度图表
C. 组织计划
D. 保证措施
E. 资源供应

15. 以下各备选项中，属于工程计量与支付条件的是（　　）。

A. 质量合格
B. 手续齐全
C. 承包人申请
D. 业主同意
E. 符合安全和环保要求

16. 监理工程师在审查施工单位提交的合同工程交工验收申请时，应重点审查（　　）。

A. 合同约定内容完成情况
B. 施工自检结果
C. 工程数量核对情况
D. 工程现场清理情况
E. 施工人员及设备撤离现场情况

17. 进行公路工程施工监理招标的公路工程项目，应当具备的条件有（　　）。

A. 建设资金已经落实
B. 初步设计文件应当履行审批手续的，已经批准
C. 施工招标已结束
D. 项目法人或者承担项目管理的机构已经依法成立
E. 征地拆迁工作已完成

18. 在分项工程开工之前，监理工程师应要求施工单位提交分项工程开工申请。分项工程开工申请的内容应包括（　　）等。

A. 进度计划、施工方案及主要工艺
B. 质量保证、安全技术和环境保护措施
C. 施工人员、材料、机械设备等进场情况
D. 质量控制指标及试验检测项目、频率和方法
E. 有关材料及混合料的试验结果

19. 建立项目监理机构是做好监理工作的组织保证，下列各项工作中，与建立工程项目监理机构步骤有关的有（　　）。

A. 确定工程监理目标
B. 确定监理工作内容
C. 组织结构设计
D. 制订工作流程
E. 建立工作制度

20. 下列监理工作中，属于公路机电工程监理特有的内容的有（　　）。

A. 厂检
B. 应用软件开发监理
C. 施工安全监理
D. 审批系统测试大纲
E. 试运行阶段监理

三、判断题（下列每题列出一个可能的事实，通过审题给出该事实是正确还是错误的判断，每题1分，共10分）

1. 评价监理单位为建设单位所提供的监理服务质量的高低，最终要看工程质量的好坏。（ ）
2. 一级监理机构就是由甲级监理资质的监理单位组建的监理机构。（ ）
3. 监理计划是由总监理工程师主持编制、在施工合同期内开展监理工作的指导性文件。（ ）
4. 监理工程师对施工单位申请使用的商品混凝土或商品混合料配合比进行审查时，必须对其原材料进行检查和试验。（ ）
5. 公路工程质量评定等级分为优良、合格、不合格三级，应按各工程单元的质量评分值确定其相应的等级。（ ）
6. 无论是单代号网络计划图还是双代号网络计划图，都可以绘制成时间坐标网络计划图。（ ）
7. 调整工程进度计划，主要是调整关键线路上的施工安排。（ ）
8. 某工程项目工期较短，在冬季来临之前已全部完成，因此该项目不必计取冬季施工增加费。（ ）
9. 施工过程中，如果实际完成的工程量超过工程量清单中的工程量，监理工程师则应向承包人发出变更指示。（ ）
10. 督促施工单位按合同规定完成竣工资料是监理工程师在缺陷责任期内实施监理的工作内容之一。（ ）

四、综合分析题（本题共2小题，每题15分，共30分）

1. 某高速公路施工合同，主要工程内容为：路基工程、桥梁工程和隧道工程。其中路基工程中的土石方开挖，地质条件良好，有高边坡处理，需要爆破施工；桥梁工程为钻孔灌注桩基础、柱式墩，上部为预应力混凝土简支T梁；隧道工程中局部地段有不良地质现象。该施工合同承包人的中标价为2亿元，其中安全生产费用为180万元，在其施工组织机构设置中，安排了3名专职安全生产管理人员。

问题：

（1）该承包人中标价中计列的安全生产费用是否满足规定要求？为什么？

（2）该承包人安排的专职安全生产管理人员是否满足规定要求？为什么？

（3）该项目中，应当编制专项施工方案的工程有哪些？

2. 在某高速公路施工过程中总监办所召开的一次工地例会上，针对各合同段工程施工中所存在的问题，总监理工程师提出以下要求：

（1）A施工单位水泥土夯实桩施工现场管理混乱、无法保证工程质量，驻地监理工程师应及时签发合同工程暂停令，责令施工单位整改。

（2）B施工单位未取得砍伐许可就对树木进行砍伐，要求立即停止砍伐，并要求B施工单位尽快办理砍伐许可手续，在依法取得砍伐许可后方可按照砍伐许可的面积、株数、树种进行砍伐。

（3）C施工单位某桥承台施工已经完成，为加快工程进度，驻地监理工程师应在监督施工单位现场处理该承台在施工过程中发生的安全事故的同时，组织办理承台验收事宜，并签发《中间交工证书》，以便计量。

（4）D施工单位路基土方填筑实际工程量已经超过了工程量清单中的数量，应暂停施工，待监理工程师下达变更指令后，再行施工。无变更指令，施工单位不得施工。

试逐项分析总监理工程师提出的上述要求是否妥当，如不妥当，请说明原因。

第四部分　模拟试卷参考答案及解析

模拟试卷一

一、单项选择题（下列每题有四个备选项，从四个备选项中选出唯一的正确答案，每题1分，共20分）

1. **答案**：B

解析：根据有关规定，在项目可行性研究报告被批准后，正式成立项目法人，确保项目资金按时到位，及时办理公司登记。

2. **答案**：C

解析：在施工单位和建设单位签订的施工合同中赋予了监理单位实施监理的各项权力，监理工程师依据施工合同所赋予的权力对施工单位的各项施工活动进行监理。因此，施工单位是根据施工合同接受监理单位的监督和管理。

3. **答案**：C

解析：工程质量是在施工全过程中形成的，它涉及施工企业各部门、各环节的工作质量。企业中的每一个人都应从自己的工作中去发现与工程质量有关的因素，主动加强协作配合，互相服务，保证施工过程中的工作质量，工程质量必然会得到控制和提高，工作质量提高了，企业的管理水平，企业素质及工序控制都有保证。因此，可以说工程质量的好坏是由人的工作质量决定的，要管好工程质量首先必须管好人的工作质量。

4. **解析**：分项工程是分部工程的组成部分。它是指在分部工程中，按照不同的施工方法、材料、工序及路段长度等来划分的若干个工程。

5. **答案**：B

解析：工程监理单位有下列行为之一的，责令改正，处50万元以上100万元以下的罚款，降低资质等级或者吊销资质证书；有违法所得的，予以没收；造成损失的，承担连带赔偿责任：

（1）与建设单位或者施工单位串通，弄虚作假、降低工程质量的；

（2）将不合格的建设工程、建筑材料、建筑构配件和设备按照合格签字的。

6. **答案**：C

解析：《建设工程安全生产管理条例》（国务院令2003年第393号）第58条规定，监理工程师未执行法律、法规和工程建设强制性标准的，责令停止执业3个月以上1年以下；情节严重的，吊销执业资格证书，5年内不予注册；造成重大安全事故的，终身不予注册；构成犯罪的，依照刑法有关规定追究刑事责任。

7. **答案**：D

解析：矩阵型组织结构模式的优点是加强了各职能部门的横向联系，具有较大的机动性和适应性，把上下左右集权与分权实行最优的结合，有利于集中优势解决复杂问题。其缺点是纵横向协调工作量大，处理不当会造成扯皮现象。

因此，当项目复杂又要求多部门、多专业配合实施，对人才资源利用率要求很高时，工程项目监理机构组织结构模式最适合采用矩阵型组织结构模式。

8. **答案**：C

解析：损失控制可分为预防损失和减少损失两个方面。预防损失主要在于降低或消除损失发生的概率，而减少损失则在于降低损失的严重性或遏制损失的进一步发展，使损失最小化。在危险场所放置灭火器，当发生火灾时可以及时使用灭火器灭火，以减少损失。

9. **答案**：C

解析：《公路工程施工监理规范》(2006 年版) 第 5.1.3 条规定，监理工程师应审查施工单位申报的原材料、混合料试验资料。对原材料应独立取样进行平行试验；对混合料可在施工单位标准试验的基础上进行试验验证，必要时做标准试验，在合同规定的期限内予以批复。

监理工程师应对施工单位申请使用的商品混凝土或商品混合料配合比进行审查，并进行试验验证。

10. **答案**：C

解析：重大质量事故是指由于责任过失造成工程倒塌、报废和造成人身伤亡或者重大经济损失的事故。重大质量事故分为三个等级。

(1) 具备下列条件之一者为一级重大质量事故：

①死亡 30 人以上；②直接经济损失 1 000 万元以上；③特大型桥梁主体结构垮塌。

(2) 具备下列条件之一者为二级重大质量事故：

①死亡 10 人以上，29 人以下；②直接经济损失 500 万元以上，不满 1 000 万元；③大型桥梁主体结构垮塌。

(3) 具备下列条件之一者为三级重大质量事故：

①死亡 1 人以上，9 人以下；②直接经济损失 300 万元以上，不满 500 万元；③中小型桥梁主体结构垮塌。

11. **答案**：B

解析：随机抽样的方法主要有以下几种：

(1) 单纯随机抽样：在总体中直接抽取样本。

(2) 系统抽样：有系统地将总体分成若干部分，然后从每一个部分抽取一个或若干个个体，组成样本。系统抽样又可分为化整为零、间隔定时、间隔定量等。

(3) 分层抽样：按施工班组将工程或工序分为若干层，然后按一定比例确定每层应抽取的样品数，对每层则按单纯随机抽样法抽取样品。

12. **答案**：B

解析：《公路工程施工监理规范》(2006 年版) 第 5.1.11 条规定，监理工程师应按规定重点对施工过程中使用的水泥、钢材、沥青、石灰、粉煤灰、砂砾、碎石等主要原材料及各种混合料进行抽检，抽检频率应不低于施工单位自检频率的20%，其余材料应不低于10%。

13. **答案**：B

解析：根据《公路工程质量检验评定标准》（土建工程）的规定，分项工程评分值大于或等于75分者为合格，小于75分者为不合格；机电工程、属于工厂加工制造的桥梁金属构件大于或等于90分者为合格，小于90分者为不合格。

评定为不合格的分项工程，经加固、补强或返工、调试，满足设计要求后，可以重新评定其质量等级，但计算分部工程评分值时按其复评分值的90%计算。

14. **答案**：B

解析：《公路水运工程安全生产监督管理办法》（交通部令2007年第1号）第21条明确规定，施工单位应当设立安全生产管理机构，配备专职安全生产管理人员。施工现场应当按照每5000万元施工合同额配备一名的比例配备专职安全生产管理人员，不足5000万元的至少配备一名。

15. **答案**：C

解析：《公路工程施工监理规范》（2006年版）第5.2.3条规定，监理工程师对危险性较大的工程作业等要定期巡视检查，如发现安全事故隐患，应立即书面指令施工单位整改；情况严重的，应签发《工程暂停令》要求施工单位暂停施工，并及时报告建设单位。施工单位拒不整改或者停止施工的，监理工程师应及时向有关主管部门报告。

16. **答案**：B

解析：环保达标监理就是对工程建设过程中污染环境、破坏生态的行为进行监督管理，如污水排放应达标、减少水土流失和生态环境破坏等。因此，对施工噪声、废气、污水、扬尘、水土流失、生态环境等方面的监督管理，均属于环保达标监理的范畴。

17. **答案**：C

解析：工程施工进度监理的主要任务包括：（1）审批承包人提交的施工进度计划；（2）对进度计划执行情况进行监督检查；（3）指令承包人调整进度计划，审批调整后的进度计划。

进度计划既是承包人组织施工的依据，又是监理工程师控制进度的依据。进度控制情况如何，关键看进度计划执行情况如何。因此，进度控制的主要任务就是进度计划的审批、进度的执行与检查、计划的调整。

18. **答案**：A

解析：在施工进度网络计划中，如果延误的工作在关键线路上，即为关键工作，则该工作延误的时间就是工期延误的时间，也就是延期的时间；若该项工作处在非关键线路上而且有时差，则该工作即为非关键工作，该工作耽误的时间超过其总时差，则两者之差即为应批准延期的时间。

19. **答案**：B

解析：《公路工程施工监理规范》（2006 年版）第 5.4.3 规定，对实体质量合格，存在外观质量缺陷但不影响使用和安全的工程，监理工程师可依据合同规定折减计量与支付，并报建设单位批准。

20. **答案**：B

解析：《建设工程监理与相关服务收费管理规定》规定，公路工程施工监理服务收费是以建设项目工程概算中的建筑安装工程费分档定额计费方式计算收费的。

二、多项选择题（下列每题所列备选项中，有两个或两个以上正确答案，选项全部正确得满分，选项部分正确按比例得分，出现错误选项该题不得分，每题 2 分，共 40 分）

1. **答案**：CDE

解析：（1）工程监理的行为主体是监理单位；（2）监理单位和施工单位不签订任何合同，它们之间是由施工合同确定的监理与被监理的关系；（3）建设单位和监理单位是监理合同关系；（4）建设单位和施工单位是施工合同关系；（5）工程监理是监理单位为建设单位提供专业化的技术服务。

2. **答案**：ABCD

解析：《公路工程施工监理规范》（2006 年版）第 1.0.3 项规定，公路工程施工监理的依据包括：（1）国家和地方法律、法规及规章；（2）国家和行业、地方有关标准、规范、规程；（3）监理合同和施工合同；（4）工程设计文件和图纸；（5）工程前期有关文件；（6）工程实施过程中有关的函件。

3. **答案**：BCDE

解析：社会监理是指具有中介服务性质的社会监理单位，受建设单位的委托监督、管理工程的实施，对质量、进度、费用、安全、环保等全面监理。因此，社会监理不同于政府监督，它具有服务性、公正性、委托性与科学性。

4. **答案**：ABD

解析：《公路工程施工监理规范》（2006 年版）第 4.2.2 条规定，在施工准备阶段，监理工程师应审查施工组织设计中对质量、安全和环保等保证体系的建立和各方面安排情况。

上述规范第 4.2.3 条检查保证体系中规定，在施工准备阶段，监理工程师应检查施工单位质量、安全和环保等保证体系是否落实，重点检查项目经理、技术负责人、工地试验室负责人的资格及质量、安全、环保人员的履约情况。

由上述规定可知，施工准备阶段施工单位应编制的保证体系包括：质量保证体系、施工安全生产管理体系、施工环境保护管理体系

5. **答案**：BD

解析：根据《公路水运工程监理企业资质管理规定》（2004 年 6 月 30 日　交通部令第 5 号）有关公路工程监理业务分级标准的规定，一类公路工程包括：高速公路；二类公路工程包括：高速公路路基工程及一级公路；三类公路工程包括：一级公路路基工程及二级

以下各级公路。

6. **答案**：ACD

解析：“审批施工组织设计”为质量监理方面的职责；“审核签认工程量清单”为费用监理方面的职责；“审查质量保证体系”为质量监理方面的职责；“审查分项工程开工申请”为质量监理方面的职责；“审批专项施工方案”为安全监理方面的职责。

7. **答案**：AC

解析：组织结构的基本模式有四种：直线式、职能式、直线—职能式和矩阵式。

其中，直线式和直线—职能式属于命令源单一的模式。就是说，在组织活动过程中，所有命令只能由指挥部门（或最高领导）下达，从而可以避免政出多门，指令相互矛盾的现象。这符合指挥统一的原则。

职能式和矩阵式属于多命令源的模式。就是说，在组织活动过程中，指挥部门（项目系统）和职能部门都可以向下级机构或人员下达命令。容易出现政出多门，指令相互矛盾的现象。这不符合指挥统一的原则。

8. **答案**：ACE

解析：目标的动态控制是一个有限的循环过程，应贯穿于工程项目实施阶段的全过程。动态控制的过程可分为以下三个基本步骤：

（1）确定目标：控制是按事先拟定的计划目标进行的，目标是控制的标准。因此，控制首先必须确定合理的计划目标。

（2）检查成效：在计划的实施过程中，应定期检查计划实施的效果如何，计划实施中发生的各种实际值与计划值是否一致。

（3）纠正偏差：通过对实施中的实际值与计划值的对比，从而确定实际值与计划值之间是否存在偏差。若计划值与实际值之间存在偏差，就应分析原因，制订纠偏的措施，及时纠正偏差，以确保实现各项计划目标。

9. **答案**：BCDE

解析：根据《公路工程施工监理规范》（2006 年版）第 4.2 条规定，施工准备阶段，监理工作的主要内容如下：

（1）参加设计交底；（2）审批施工组织设计；（3）检查保证体系；（4）审核工地试验室；（5）审批复测结果；（6）验收地面线；（7）审批工程划分；（8）确认场地占用计划；（9）核算工程量清单；（10）签发开工预付款支付证书；（11）召开监理交底会；（12）召开第一次工地会议；（13）签发合同工程开工令。

本题备选项 A 熟悉合同文件属于施工准备阶段，监理机构自身准备工作的内容之一。

10. **答案**：ABCD

解析：监理计划应明确工程项目监理目标、依据、范围和内容，监理机构组织形式及各部门与岗位职责，监理人员和设备的配备及进退场计划，监理工作方法与措施，监理工作制度，监理工作程序及表格，监理设施等。

监理细则是针对于某分项和分部工程或某一专业或某一方面的监理工作编制的操作性文

件，应明确监理的重点、难点、具体措施及方法步骤。

11. **答案**：ABDE

解析：根据《公路工程施工监理规范》（2006 年版）附录 A 的规定，宜列为监理旁站的工序或部位分别是：

（1）路基工程：路基土石方工程中的软土地基处治（如碎石桩、塑料排水板、粉喷装等）试验工程；大型挡土墙基础的混凝土浇筑。

（2）路面工程：底基层、基层、垫层、联结层中的试验工程；沥青面层的试验工程；水泥混凝土面层中的试验工程以及混凝土摊铺。

（3）桥梁工程：①桩基中的试桩、钢筋笼安放、混凝土浇筑。②上部构造预应力筋加工和张拉中的张拉和压浆；主要构件浇筑中的主梁段混凝土浇筑和压浆。③桥面铺装中的试验工程；④伸缩缝的首件安装。

（4）隧道工程：①洞身衬砌（包括初期支护、混凝土衬砌）中的试验工程；②辅助施工措施中的注浆；③混凝土护栏中的首段混凝土浇筑。

12. **答案**：ABE

解析：当因施工而引起的质量缺陷处在萌芽状态时，监理工程师应及时制止，并根据具体情况要求施工单位立即更换不合格的材料、设备，或立即撤换不称职的施工人员，或立即改变不正确的施工方法及操作工艺。

13. **答案**：ABCE

解析：根据《建设工程安全生产管理条例》的规定，施工单位应当编制专项施工方案的工程包括：（1）基坑支护与降水工程；（2）土方开挖工程；（3）模板工程；（4）起重吊装工程；（5）脚手架工程；（6）拆除、爆破工程。

14. **答案**：ABCD

解析：按照《公路水运工程生产安全事故应急预案》（交质监发［2011］6 号）规定，公路工程生产安全事故应急预案体系构成包括：（1）总体预案；（2）专项预案；（3）地方预案；（4）项目预案。

15. **答案**：ABDE

解析：监理工程师应每天对施工过程中的危险性较大工程作业情况进行巡视检查，发现未按施工方案施工或违规作业行为应及时制止，巡视检查的作业重点包括：

（1）高处作业；（2）机电设备的使用和操作；（3）场内车辆驾驶；（4）气割、电焊作业；（5）起重作业；（6）钢筋加工、绑扎作业；（7）混凝土浇筑；（8）预应力张拉作业；（9）支架、脚手架的搭设与拆除；（10）大型模板堆放、安装与拆除；（11）电气安装与维修；（12）拆除作业；（13）船舶作业；（14）潜水作业；（15）水下焊接作业；（16）水上起重作业；（17）施工机械作业。

16. **答案**：ABCD

解析：公路工程施工组织研究的对象主要包括以下四个方面：

（1）时间问题：如施工进度计划编制；

（2）空间问题：如组织管理机构及场地布置；

（3）资源问题：如劳动力、材料、机具设备等的供应；

（4）经济问题：如工程造价、工程成本控制及资金合理利用等。

17. **答案**：ABC

解析：调整施工进度计划所采取的技术措施主要有：（1）改进施工工艺和施工技术，缩短工艺技术间歇时间（如添加混凝土早强剂等）；（2）采用更先进的施工方法以缩短施工过程的时间（如现浇改为预制装配）；（3）采用先进的施工机械。

18. **答案**：CDE

解析：根据《建设工程文件归档整理规范》（GB/T 50328—2001）的规定，属于监理单位长期保存的监理文件包括：（1）监理月报中有关质量问题；（2）监理会议纪要中的有关质量问题；（3）开工/复工审批表；（4）开工/复工令及暂停令；（5）不合格项目通知；（6）质量事故报告及处理意见；（7）有关进度控制的监理通知；（8）有关质量控制的监理通知；（9）有关造价控制的监理通知；（10）工程延期报告及审批；（11）费用索赔报告及审批；（12）合同争议、违约报告及处理意见；（13）工程变更材料；（14）工程竣工总结；（15）质量评估报告。

属于监理单位短期保存的监理文件包括：（1）监理计划；（2）监理细则；（3）专题总结；（4）月报总结。

19. **答案**：ABCD

解析：技术建议书的内容主要应包括以下几方面：（1）工程概述；（2）监理工作范围；（3）现场监理机构设置与人员安排；（4）监理仪器、设备和设施的配备；（5）监理工作程序；（6）监理大纲（或监理方案）和措施；（7）本工程监理工作的重点与难点分析；（8）对本工程建议。

20. **答案**：ABCD

解析：工程费用支付的基本原则包括：（1）支付必须以工程计量为基础；（2）支付必须以合同为依据；（3）支付必须遵循严格的程序；（4）支付必须及时、准确；（5）支付必须经监理工程师审查。

三、判断题（下列每题列出一个可能的事实，通过审题给出该事实是正确还是错误的判断，每题1分，共10分）

1. **答案**：×

解析：施工监理制度的核心，就是建设单位把公路施工活动中的各项管理工作交给监理工程师，树立其在项目管理和监督中的权威，对工程质量、安全、环保、进度、费用等，用技术、经济、组织和合同等手段实施全面监督管理，对工程支付有签认权和否决权，从而有效的监控项目施工过程，保证合同的履行。

2. **答案**：×

解析：《建筑法》、《建设工程质量管理条例》等法律赋予监理工程师多项签字权，并明确规定了监理工程师的多项职责，从而使监理工程师执业有了明确的法律依据，同时，监理合同也赋予了监理工程师相应的权利与义务，从而确立了监理工程师作为专业人士的法律地位。因此，监理工程师的法律地位是由国家法律法规确定的，并建立在监理合同的基础上。

3. **答案：** ×

解析： 工程保险并不能转移建设工程的所有风险。一方面是因为存在不可保风险，另一方面则是因为有些风险不宜保险。因此，对于建设工程风险，应将工程保险与风险回避、损失控制和风险自留结合起来运用。

4. **答案：** ×

解析： 监理细则主要是针对技术复杂、专业性较强的分项、分部工程或监理工作的某一方面，由驻地监理工程师主持编写、经总监理工程师批准的操作性文件。

一般情况下，二级以下公路、技术不太复杂的分项和分部工程可不编写监理细则。

5. **答案：** √

解析： 在《公路工程质量检验评定标准》中对各分项工程所列基本要求，对施工质量优劣具有关键作用，在分项工程检验评定时，应按基本要求对工程进行认真检查。如果经检查不符合基本要求规定时，则不得进行工程质量检验评定。

6. **答案：** ×

解析：《公路工程施工监理规范》(2006 年版) 第 5. 3. 3 条规定，如发现施工中存在违反有关环保规定、未按合同要求落实环保措施的情况，监理工程师应书面指令施工单位整改；情况严重的应签发《工程暂停令》要求施工单位暂时停工，并及时报告建设单位。

7. **答案：** ×

解析： 关键工作延长几天，计划工期就延长几天，但关键工作缩短几天，计划工期不一定缩短几天。

8. **答案：** ×

解析： 费用监理的目的就是在监理计划的指导下，通过对工程费用目标的动态控制，使其能最优地实现。费用监理的目标是使实际支付的工程费用合理，符合合同的要求。费用监理的目的是在监理计划的指导下，通过对工程费用目标的动态控制，使其能最优地实现。

9. **答案：** ×

解析：《公路工程标准施工招标文件》(2009 年版) 合同条款规定，合同中未在工程量清单中填入单价或总额价的工程子目，将被认为其已包含在本合同的其他子目的单价和总额价中，该子目将不予承包人根据对已完成工程计量的结果计量，业主将不另行支付。

10. **答案：** ×

解析：《公路工程标准施工招标文件》(2009 年版) 合同条款第 18. 3. 5 条规定，经验收合格工程的实际交工日期，以最终提交交工验收申请报告的日期为准，并在交工验收证书写明。

四、综合分析题（本题共2小题，每题15分，共30分）

1. 答案：

（1）该质量事故属于二级一般质量事故。

（2）质量事故的处理按下以程序进行：

①监理工程师应立即向施工单位发出工程暂停令，要求停止质量事故部位和与其有关联部位及下道工序的施工，并采取必要的措施，保护事故现场，抢救人员和财产，防止事故扩大，做好相应记录。

②监理工程师要求施工单位尽快提出质量事故的报告，并按规定速报有关部门。

③监理工程师应积极配合质量事故调查组进行质量事故调查，客观地提供相应证据。

④监理工程师接到质量事故调查组提出的质量事故技术处理意见后，审核签认有关单位提出的质量事故技术处理方案。

⑤监理工程师指标施工单位按照批准的工程质量事故处理方案对事故进行处理。

⑥监理工程师对施工单位实施质量事故处理方案或对加固、返工、重建的工程进行监理，并进行检查验收。经检验合格后，监理工程师发出复工指令。

2. 答案：

（1）一级；

（2）组织结构设计；制订工作流程。

（3）合理的专业结构；合理的人技术职称结构。

（4）6名。

（5）④为总监理工程师的职责；①、②、⑤、⑥属于驻地监理工程师的职责；③为专业监理工程师职责。

模拟试卷二

一、单项选择题（下列每题有四个备选项，从四个备选项中选出唯一的正确答案，每题1分，共20分）

1. **答案：**C

解析：根据《公路工程施工监理规范》（2006年版）第4.1条规定，施工准备阶段监理准备工作主要包括五项：（1）配备试验室设备；（2）熟悉合同文件；（3）调查施工环境条件；（4）编制监理计划；（5）编制监理细则。

2. **答案：**B

解析：根据有关规定，如果初步设计提出的总概算超过工程可行性研究报告确定的总投资估算10%以上或其他主要指标需要变更时，应说明原因和计算依据，并重新向原审批单位报批可行性研究报告。

3. **答案：**B

解析：科学性是监理单位区别于其他一般服务性组织的重要特征，也是其赖以生存的重要条件。工程监理是一种高智能的技术服务活动，要求监理单位应当遵循科学准则。

4. **答案：**B

解析：单位工程是单项工程的组成部分。它是指在建设项目中，根据签订的合同，具有独立施工条件的工程。

5. **答案：**C

解析：根据《公路水运工程监理企业资质管理规定》（2004年6月30日　交通部令第5号）的有关规定，一类公路工程是高速公路；二类公路工程包括高速公路路基工程和一级公路；三类公路工程包括一级公路路基工程及二级以下各级公路。

6. **答案：**B

解析：由于直线—职能式组织内并存两套系统，一是按命令统一原则设置的指挥系统，二是按专业化原则设置的职能系统。该种模式的优点是：集中领导、统一指挥，便于人、财、物的调配；分工合理、任务明确、办事效率高。这种模式的缺点之一就是职能人员与指挥人员之间目标不易统一，从而导致职能部门与指挥部门之间易产生矛盾。

7. **答案：**D

解析：风险回避就是以一定的方式中断风险源，使其不发生或不再发展，从而避免可能产生的潜在损失。通过严禁烟火来回避易燃易爆物发生燃烧、爆炸的风险。

8. **答案：**D

解析：《公路工程施工监理规范》（2006年版）第4.2.6条规定，工程开工前，监理工程师应监督施工单位在原始地面线未被扰动前测定地面线，并对测定结果进行抽测。抽测频率应能判定施工单位测定结果是否真实可靠，且不低于施工单位测点的30%。

由上述规定可知，监理工程师的抽测点数至少应为：500×30%＝150（个）。

9. **答案**：C

解析：验证试验是对材料或商品构件进行预先鉴定，以决定是否可以用于工程。当工程材料或商品构件运入现场后，应按规定的批量和频率抽样进行验证试验，不合格者不准用于工程。

10. **答案**：A

解析：质量问题原则上由建设单位或企业（施工单位）负责调查处理，基本上可在合同范围内处理。因此，建设单位或施工单位可通过合同约定由监理机构处理。

11. **答案**：C

解析：控制图就是利用生产过程处于稳定状态下的产品质量特性值分布服从正态分布这一统计规律来识别生产过程的异常因素，控制生产过程由于系统性原因造成的质量波动，以保证工序处于控制状态。

12. **答案**：D

解析：分层抽样就是先将总体按一定方式分为若干层，然后再确定每层应抽取样本数，对每层按随机抽样法抽取样本。

13. **答案**：B

解析：《公路工程质量检验评定标准》（JTG F80/1—2004）附录所列分项工程和分部工程分项工程和分部工程区分为一般工程和主要（主体）工程，分别予以1和2的权值。

14. **答案**：A

解析：《公路工程施工监理规范》（2006年版）第5.2.3条规定，监理工程师对危险性较大的工程作业等要定期巡视检查，如发现安全事故隐患，应立即书面指令施工单位整改；情况严重的，应签发《工程暂停令》要求施工单位暂停施工，并及时报告建设单位。施工单位拒不整改或者停止施工的，监理工程师应及时向有关主管部门报告。

15. **答案**：C

解析：公路工程生产安全事故按照人员伤亡、涉险人数、经济损失等因素，一般分为以下四级：

（1）特别重大事故：死亡失踪人数30人以上，或涉险人数30人以上，或重伤（或急性中毒）人数100人及以上，或经济损失10 000万元及以上。

（2）重大事故：死亡失踪人数10～29人，或涉险人数10～29人，或重伤（或急性中毒）人数50～99人，或经济损失5 000万～10 000万元之间。

（3）较大事故：死亡失踪人数3～9人，或涉险人数3～9，或重伤（或急性中毒）人数10～49人，或经济损失1 000万～5 000万元之间。

（4）一般事故：死亡失踪1～2人，或涉险人数1～2人，或重伤（或急性中毒）人数1～9人，或经济损失1 000万元以下。

16. **答案：**B

解析：施工环保监理的任务包括环保达标监理和环保工程监理。其中，环保达标监理的工作方式以日常巡视为主，辅以必要的环境监测，以便及时调整环保监控力度。

17. **答案：**B

解析：工程进度曲线是以工期为横轴，以完成的累计工程量或工程费用为纵轴绘制的百分比图表化曲线，也是工程项目实施中进度与现金流动关系曲线。项目实施期间实际完成了多少工程量或工程费用，在工程实际进度曲线上一目了然。因此，工程进度曲线既可以用于进度的控制，又可作为工程计量及费用支付的依据。

18. **答案：**A

解析：关键工作连接起来一定是关键线路，这是双代号网络计划图确定关键线路的方法之一。但关键节点连接起来的线路却不一定是关键线路，因为两个关键节点之间的工作不一定是关键工作，还要加上“箭尾节点时间 + 持续时间 = 箭头节点时间”这个条件，这样的两个关键节点之间的工作才是关键工作，这样的关键节点连接起来才是关键线路。

网络计划中的非关键线路上既有非关键工作，也有关键工作。

网络计划中的关键线路不是固定不变的，可以和非关键线路相互转化。

19. **答案：**D

解析：《公路工程施工监理规范》（2006 年版）第 5.4.5 项规定，监理工程师收到施工单位计量申请后应及时计量，对路基基底处理、结构物基础的基底处理及其他复杂、有争议需要现场确认的项目，应会同建设、设计、施工等单位现场计量。

20. **答案：**C

解析：在进行监理服务费用计算时，通常是将正常监理服务费用划分为施工阶段监理服务费（施工准备阶段与施工阶段监理服务费之和）、交工验收及缺陷责任期阶段监理服务费两部分。

二、多项选择题（下列每题所列备选项中，有两个或两个以上正确答案，选项全部正确得满分，选项部分正确按比例得分，出现错误选项该题不得分，每题 2 分，共 40 分）

1. **答案：**ABDE

解析：监理工程师所从事的监理工作是一项涉及面很广的高智能的技术服务工作，要求监理工程师应具有较为完善的、合理的知识结构。一般而言，监理工程师的知识结构主要包括四个方面：（1）技术；（2）管理；（3）经济；（4）法律。

2. **答案：**ABCDE

解析：按照企业自检系统的组织目标要求，要建立完善的自检系统。题中所设的选项全部是企业建立自检系统应完成的工作。

3. **答案：**ABCD

解析：分项工程是分部工程的组成部分。它是指在分部工程中，按照不同的施工方法、材料、工序及路段长度等来划分的若干个工程。

4. **答案**：BCD

解析：根据《公路水运工程监理企业资质管理规定》（2004 年 6 月 30 日 交通部令第 5 号）第 7 条的规定，获得公路工程专业乙级监理资质，可在全国范围内从事二、三类公路工程、桥梁工程、隧道工程项目的监理业务。

二类公路工程包括：高速公路路基工程及一级公路；三类公路工程包括：一级公路路基工程及二级以下各级公路。二类桥梁工程包括：大桥、中桥；三类桥梁工程包括：小桥、涵洞。二类隧道工程包括：中隧道；三类隧道工程包括：短隧道。

5. **答案**：ABDE

解析：根据《公路工程施工监理规范》（2006 年版）第 3. 0. 2 条的规定，总监理工程师应具有相应专业的高级技术职称、取得交通部监理工程师资格证书、五年以上的现场工程监理经历、担任过两项以上同类工程的总监或驻地职务。

6. **答案**：ACDE

解析：审批分项工程的施工组织及人员属于质量监理方面的职责。

审批总体施工进度计划签发合同工程开工令、监督检查进度计划的执行情况、编制并提交监理月报均属于进度监理方面的职责。

7. **答案**：ABCD

解析：《公路工程施工监理规范》（2006 年版）第 3. 0. 2 条规定，二级监理机构就是总监理工程师办公室（简称总监办）和驻地监理工程师办公室（简称驻地办）。总监办应配备 1 名总监理工程师和若干名专业监理工程师以及适当数量的监理员。驻地办应根据工程复杂程度配备 1 ~2 名驻地监理工程师和若干名专业监理工程师以及必要数量的监理员。

8. **答案**：ACE

解析：《公路工程施工监理规范》（2006 年版）第 4. 1 条规定，施工准备阶段，监理机构自身的准备工作内容包括 5 项：（1） 配备试验室设备；（2） 熟悉合同文件；（3） 调查施工环境条件；（4） 编制监理计划；（5） 编制监理细则。

本题备选项 B 审核工地试验室、D 参加设计交底则属于施工准备阶段监理工作的内容。

9. **答案**：ABCD

解析：所谓标准试验，是指在为确定工程材料的最佳组合（如含水率、级配、配合比等），建立施工控制和检验标准所进行的试验。

标准试验是在工程开工前，对试验工程或材料的内在品质进行施工前的数据采集。它是控制和指导施工的科学依据，包括各种标准击实试验、集料的筛分试验、混合料的配合比试验、结构的强度试验等。

10. **答案**：ABCD

解析：根据《公路工程施工监理规范》（2006 年版）第 5. 1 条的规定，分项工程开工之前，监理工程师应审查或审批的事项包括六个方面：（1） 审查工程分包；（2） 审批施工测量放线；（3） 审批工程原材料与混合料；（4） 审查施工组织及人员配备；（5） 审查施工机械设备；（6） 审查施工方案及主要工艺。

监理工程师审查或审批的以上6个事项可作为分项工程开工所应具备的条件。

11. **答案**：ABCD

解析：根据《公路工程质量检验评定标准》（土建工程）（JTG F80/1—2004）规定，分项工程质量检验内容包括基本要求、实测项目、外观鉴定和质量保证资料四个部分。

12. **答案**：DE

解析：根据《公路水运工程生产安全事故应急预案》（交质监发［2011］6号）的规定，建设项目应急预案中的合同段应急预案（包括现场处置方案）和危险性较大工程的专项应急预案应由施工单位制订，经监理单位审查后并报建设单位备案。

13. **答案**：ABC

解析：公路工程建设可能造成的环境影响包括生态环境、声环境、水环境、大气环境、社会经济环境。

公路施工期间的各项施工活动对环境的影响最为明显的是生态环境、水环境、大气环境。因此，在公路施工监理过程中，监理人员应着重检查和控制施工对生态环境、水环境和大气环境的影响。

14. **答案**：ACDE

解析：公路工程施工过程中的组织原则可分为两类：

（1）技术性原则：包括①连续性原则；②协调性原则；③均衡性原则。

（2）经济性原则。

15. **答案**：ABC

解析：监理工程师对延期的审批应遵循以下三个原则：

（1）符合合同规定；（2）延误事件应发生在关键线路上；（3）符合实际情况。

16. **答案**：ABDE

解析：根据《建设工程文件归档整理规范》（GB/T 50328—2001）的有关规定，属于监理单位短期保管而属于建设单位长期保管的文件是：监理计划、监理细则、专题总结、月报总结。

质量事故报告及处理意见属于监理单位和建设单位都需要长期保管的文件。

17. **答案**：ACD

解析：公路工程质量检验常用的随机抽样的方法主要包括以下三种：

（1）单纯随机抽样：在总体中直接抽取样本。

（2）系统抽样：有系统地将总体分成若干部分，然后从每一个部分抽取一个或若干个个体，组成样本。

（3）分层抽样：将每一个工序作为一层，对每层单纯随机抽样。

18. **答案**：ABCD

解析：公路工程施工质量监理的基本方法有：（1）旁站；（2）巡视；（3）测量控制；（4）试验与抽检；（5）指令文件；（6）随机抽查；（7）检查核实；（8）工序控制。

19. **答案**：ABD

解析：依据《公路工程施工监理招标文件范本》（2008年版）规定，监理投标文件中商务文件的内容包括：①投标书；②联合体协议（如果有）；③法定代表人身份证明；④授权书（如果有）；⑤投标保证金；⑥资格审查资料（适用于未进行资格预审）；⑦资格审查更新资料（适用于已进行资格预审）。

20. **答案**：BD

解析：公路工程计量方式主要有三种：（1）实地测量计算法；（2）图纸计算法；（3）现场记录计算法。

三、判断题（下列每题列出一个可能的事实，通过审题给出该事实是正确还是错误的判断，每题1分，共10分）

1. **答案**：×

解析：施工单位应按施工合同的约定接受监理单位的监管。施工监理合同是由建设单位和监理单位签订的，对施工单位没有约束力。

2. **答案**：√

解析：监理工程师受建设单位委托承担工程项目监理工作。监理工程师是代表建设单位实施项目管理，为建设单位提供专业化的技术服务。

根据公路工程质量保证体系，工程监理单位对工程质量负有现场管理责任。

3. **答案**：×

解析：风险转移是一种合法的风险控制对策，也是工程项目风险管理中的最常采用的重要的转移技术。

4. **答案**：×

解析：一方面，施工单位和建设单位签订了施工合同，就承担了施工质量责任，只要是因施工单位的原因引起的质量问题，施工单位就应承担责任。监理工程师是代表建设单位对施工质量进行监督，因此，监理工程师的签认并不能解除施工单位的责任。另一方面，监理单位与承包人之间没有合同关系，即便是由于监理人员的过错造成承包人的经济损失，该损失也应当由建设单位承担。

5. **答案**：×

解析：合同段和建设项目工程质量评分值按《公路工程竣（交）工验收办法》计算。

6. **答案**：×

解析：进度计划是开工前编制的，施工过程中的很多情况是无法事先预知的。为了使进度计划更加符合工程实际情况，针对施工中出现的各种情况，进度计划是可以调整或修改的。

7. **答案**：×

解析：在双代号网络计划中，关键工作组成的线路一定是关键线路；但在单代号网络计划中，关键工作组成的线路不一定是关键线路。相邻两工作之间的时间间隔为零的关键工作组成的线路才是关键线路。

8. **答案：**×

解析：合同条款规定，工程量清单中没有填报单价的项目应视为其单价已包含在其他项目之中，该项目发包人不予以支付。但工程量清单中没有填报单价的项目，仍需进行计量，以确认承包人是否按合同规定完成了该项工程。

9. **答案：**×

解析：理论上讲，承包人根据合同规定所完成的所有工作都应予以计量，以便掌握承包人实际完成的准确的工程数量，并实施费用支付。

10. **答案：**×

解析：《公路工程标准施工招标文件》（2009 年版）合同条款规定，经验收合格工程的实际交工日期，以最终提交交工验收申请报告的日期为准，并在交工验收证书中写明。

缺陷责任期自实际交工日期起计算。在全部工程交工验收前，已经发包人提前验收的单位工程，其缺陷责任期的起算日期为该单位工程的实际交工日期。换句话说，自实际交工日期起工程就进入缺陷责任期。

四、综合分析题（本题共 2 小题，每题 15 分，共 30 分）

1. **答案：**

公路工程施工准备阶段监理工作的主要内容包括以下 13 项：

（1）参加设计交底；（2）审批施工组织设计；（3）检查保证体系；（4）审核工地试验室；（5）审批复测结果；（6）验收地面线；（7）审批工程划分；（8）确认场地占用计划；（9）核算工程量清单；（10）签发开工预付款支付证书；（11）召开监理交底会；（12）召开第一次工地会议；（13）签发合同工程开工令。

2. **答案：**

（1）业主代表的做法不正确。

因为：①业主代表自行选择分包单位，属于履行施工总承包合同中的违约行为。

②业主代表自行肢解工程进行分包，属于履行施工总承包合同中的违约行为。

③业主代表未通过监理工程师直接向施工总承包单位发出通知，属于履行监理合同中的违约行为。

（2）监理工程师应退回分包单位报送的工程款支付申请单和工程结算书。

因为：①工程款支付申请单应由施工总承包单位报送给监理工程师。

②分包单位应与施工总承包单位进行结算，而不应与业主进行结算。

模拟试卷三

一、单项选择题（下列每题有四个备选项，从四个备选项中选出唯一的正确答案，每题1分，共20分）

1. **答案：**B

解析：根据《公路工程施工监理规范》（2006年版）第3.0.2条的规定，总监理工程师应具有相应专业的高级技术职称、取得交通部监理工程师资格证书、五年以上的现场工程监理经历、担任过两项以上同类工程的总监或驻地职务。

2. **答案：**D

解析：监理工程师在施工监理中的权力主要包括：（1）施工组织与技术上的审核权；（2）合同管理与组织协调的主持权；（3）材料、设备和工程质量的确认权和否决权；（4）进度与工期的确认权和否决权；（5）施工安全和环境保护的确认权和否决权；（6）工程计量与工程款支付的确认权和否决权。

业主授予或合同赋予监理工程师的上述各项权力中最核心的权力是工程计量与工程款支付的确认权和否决权。

3. **答案：**A

解析：监理试验室设备是监理单位开展监理活动的最重要的条件。监理试验室设备应按监理合同要求，根据不同监理层次分工负责的原则配备。原则上总监办中心试验室应按公路工程甲级监理企业的要求配备试验检测设备；驻地试验室应按对公路工程丙级监理企业的要求配备试验检测设备。

4. **答案：**A

解析：工程项目风险转移有两种形式：一是保险转移（工程投保），二是非保险转移。通过保险可以明确风险责任，便于风险控制，同时一旦保险约定的风险发生时可获得相应的赔偿，使工程实施能不中断地、稳定地进行，从而保证工程质量和进度，也不致因重大损失而增加投资。同时，保险公司可向当事人提供较为全面的风险管理服务。

5. **答案：**A

解析：当检查发现偏差超过允许范围时，应首先检查是否落实了控制人员，控制人员的职责、任务是否明确，控制人员是否遵守有关制度、是否按规程和程序进行控制等。

6. **答案：**C

解析：施工组织设计是编制监理细则的依据。建设单位的正当要求和施工环境调研资料是编制监理计划的依据。只有监理合同才是编制监理计划和监理细则的共同依据。

7. **答案：**A

解析：质量问题原则上由建设单位或企业（施工单位）负责调查处理，基本上可在合同范围内处理。因此，建设单位或施工单位可通过合同约定由监理机构处理。

8. **答案：**B

解析：频数直方图即质量分布图，简称直方图，是把收集到的质量数据，按顺序分成若干间隔相等的组，以组距为横坐标，以落入各组的数据频数为纵坐标，按比例构成的若干矩形条排列的图。直方图适用于对大量计量值数据进行加工、找出其统计规律，即分析数据分布的形态，以便对其总体分布特征进行推断的方法。

9. **答案：**A

解析：根据《公路工程质量检验评定标准》（土建工程）（JTG F80/1—2004）规定，分项工程的评分值满分为100分，按实测项目采用加权平均法计算。存在外观缺陷或资料不全时应予减分。分项工程评分值按下式计算：

分项工程评分值＝分项工程得分－外观缺陷扣分－资料不全扣分。

10. **答案：**C

解析：《建设工程安全生产管理条例》（国务院令2003年第393号）第27条规定，建设工程施工前，施工单位负责项目管理的技术人员应当对有关安全施工的技术要求向施工作业班组、作业人员作出详细说明，并由双方签字确认。

11. **答案：**B

解析：《环境噪声污染防治法》规定，产生环境噪声污染的工业企业，应当采取有效措施，减轻噪声对周围生活的影响。在城市市区噪声敏感区域内，禁止夜间进行产生噪声的施工作业，但个别情况除外，必须公告附近居民。

12. **答案：**C

解析：计划主要是指计划目标。目标是控制的依据和标准，控制就是目标控制。因此，进度监理应在确保质量和安全的基础上，以计划控制为主线进行。

13. **答案：**D

解析：《公路工程施工监理规范》（2006年版）第5.4.1项规定，监理工程师必须以质量合格、手续齐全，且符合安全和环保要求，作为计量与支付的先决条件。未经总监理工程师批准不得支付。

14. **答案：**A

解析：《公路工程标准施工招标文件》（2009年版）合同通用条款第17.3.3条规定，监理工程师在收到承包人进度付款申请单以及相应的支持性证明文件后的14天内完成核查，提出发包人到期应支付给承包人的金额以及相应的支持性材料。

15. **答案：**B

解析：根据《公路工程标准施工招标文件》（2009年版）技术规范的有关规定：

（1）热拌沥青混合料面层，应按图纸所示或监理工程师指示的平均铺筑面积，经监理工程师验收合格后，按粗、中、细粒式沥青混凝土和不同厚度分别以平方米计量；除监理工程师另有指示外，超过图纸规定的面积均不予计量。

（2）水泥混凝土面板，按图纸和监理工程师指示铺筑的面积，经监理工程师验收合格后，按不同厚度以平方米计量。除监理工程师另有指示外，任何超过图纸所规定的尺寸的计算面积，均不予计量。

16. **答案**：B

解析：根据《公路工程标准施工招标文件》（2009 年版）合同条款规定，在开工预付款支付前，承包人需要向发包人提交预付款的银行保函。

17. **答案**：C

解析：公路工程施工监理的组织协调的方法主要有以下几种：

（1）会议协调法。即通过召开各种工地会议进行组织协调。

（2）交谈协调法。交谈包括面对面交谈和电话交谈两种形式。

（3）书面协调法。即通过书面指令、报告、报表、信函、备忘录、会议记录等方式进行组织协调。书面协调方法的特点是具有合同效力。

（4）访问协调法。主要用于外部协调中，有走访和邀请（邀访）两种形式。

（5）情况介绍法。情况介绍法通常是与其他协调方法结合在一起，作为其他协调的引导，包括口头情况介绍和书面情况介绍两种。

18. **答案**：C

解析：《公路工程施工监理规范》（2006 年版）第 7.1.2 项规定，工地会议应由主持单位做好记录，根据记录事项形成会议纪要。会议纪要中包括三方协商一致的意见及各方有保留的意见。会议纪要应由参加单位确认，并可作为合同文件的一部分。

19. **答案**：B

解析：《公路工程施工监理规范》（2006 年版）第 9.2.2 条规定，对施工现场不具备检测条件或无法进行现场检测的主要设备、材料，监理工程师应到生产厂家监督检测。监督检测频率不得低于 15%，当设备数量少于 3 台时宜逐台检测。

20. **答案**：B

解析：根据《公路工程施工监理招标投标管理办法》第 30 条的规定，采用固定标价评分法的项目，投标文件由商务文件、技术建议书组成。商务文件和技术建议书应当密封于一个信封中，成为一份投标文件。

二、多项选择题（下列每题所列备选项中，有两个或两个以上正确答案，选项全部正确得满分，选项部分正确按比例得分，出现错误选项该题不得分，每题 2 分，共 40 分）

1. **答案**：BD

解析：作为从事公路工程施工监理工作的监理工程师，其资格应包括两个方面：一是通过考试取得监理工程师的执业资格；二是通过岗位登记取得监理工程师岗位资格。换句话说，只有同时取得这两个资格才能从事公路工程施工监理工作。

2. **答案**：BD

解析：《公路水运工程监理工程师登记管理办法》（交质监发［2011］572 号）第 2

条规定：取得交通运输部公路工程监理工程师或专业监理工程师资格的人员，应按规定进行从业登记和业绩登记。

3. **答案：** ACDE

解析： 审批分项工程的施工组织及人员属于质量监理方面的职责。

审批总体施工进度计划签发合同工程开工令、监督检查进度计划的执行情况、编制并提交监理月报均属于进度监理方面的职责。

4. **答案：** BCE

解析： 根据交通运输部的有关规定，监理工程师岗位资格的取得要经过：（1）执业资格考试合格；（2）交通运输部审核并发证确认执业资格；（3）进行从业登记和业绩登记。

5. **答案：** ABCE

解析： 当设置一级监理机构时，总监办的职责就是二级监理机构中总监办和驻地办的全部职责。所以本题备选项 A、B、C、E 都是总监办的职责。

备选项 D 是交通运输主管部门实施政府监督的职责。

6. **答案：** ABCD

解析： 风险转移可分为：非保险转移（合同转移）和保险转移两种形式。其中，非保险转移（合同转移）主要有三种情况：工程分包、合同转让、第三方担保（工程担保）等。

7. **答案：** BCD

解析： 质量数据的统计特征量主要有 5 个：（1）算术平均值；（2）中位数；（3）极差；（4）标准偏差；（5）变异系数。

以上质量数据的统计特征量中，算术平均值、中位数等反映数据集中位置（质量稳定程度），而极差、标准偏差、变异系数等则反映数据离散程度（质量波动程度）。

8. **答案：** BC

解析：（1）正常波动是偶然性原因造成的，其出现带有随机性质的特点，如原材料成分和性能发生微小变化，工人操作的微小变化，周围环境的微小变化等。由这类原因造成的质量波动是正常的波动，不需要加以控制，即认为生产过程处于稳定状态。

（2）异常波动是由系统原因造成的，它对产品质量影响很大，如原材料质量的显著变化，工人不遵守操作规程，机械设备的调整不当，检测仪器的使用不合理，周围环境的显著变化等。这类原因一般容易识别，能够采取措施避免和消除。异常波动在生产过程中不允许存在。

9. **答案：** ACDE

解析：《公路工程施工监理规范》（2006 年版）第 5.1.10 条规定，旁站监理人员应对试验工程、重要隐蔽工程、重要工程部位、重要工序及工艺过程、完工后无法检测其质量或返工会造成较大损失的工程进行旁站。

10. **答案：** ABE

解析：《公路水运工程安全生产监督管理办法》（交通部令 2007 年第 1 号）第八条

规定，施工单位应当取得安全生产许可证，施工单位的主要负责人、项目负责人、专职安全生产管理人员（以下简称安全生产三类管理人员）必须取得考核合格证书，方可参加公路工程投标及施工。

11. **答案**：ABDE

解析：不安全状态、不安全行为、起因物、致害物和伤害方式是引发产生安全事故的五个基本因素，简称“事故五要素”。

12. **答案**：DE

解析：《建设工程安全生产管理条例》（国务院令 2003 年第 393 号）第 26 条规定，施工单位应当对达到一定规模的危险性较大的分项分部工程（例如，基坑支护、土方开挖、模板、起重吊装、脚手架、爆破等工程）编制专项施工方案，并附具安全验算结果，经施工单位技术负责人、总监理工程师签字后实施，由专职安全生产管理人员进行现场监督。

13. **答案**：CD

解析：施工阶段环境保护监理的工作内容包括：（1）审查施工单位编制的分部（分项）工程施工方案中的环保措施是否可行；（2）对施工现场、施工作业进行巡视或旁站监理，检查环境保护措施的落实情况；（3）监测各项环境指标，出具监测报告或成果；（4）向施工单位发出环境保护工作指令，并检查指令的执行情况；（5）编写环保监理月报；（6）参加工地例会；（7）建立、保管环保监理资料档案；（8）处理或协助主管部门和建设单位处理突发环保事件。

本题备选项 A 和 B 为施工准备阶段环保监理的工作内容；备选项 E 为交工及缺陷责任期环境保护监理的工作内容。

14. **答案**：ABD

解析：进度计划应有文字说明、进度图表和保证措施等。总体进度计划中宜绘制网络图，标注关键路线和时间参数。总体进度计划和月进度计划中应绘制资金流量 S 曲线图。

15. **答案**：ABE

解析：《公路工程施工监理规范》（2006 年版）第 5. 4. 1 项规定，监理工程师必须以质量合格、手续齐全，且符合安全和环保要求，作为计量与支付的先决条件。未经总监理工程师批准不得支付。

16. **答案**：ABCD

解析：《公路工程施工监理规范》（2006 年版）第 6. 0. 1 条规定，监理工程师应按合同及有关规定要求，审查施工单位提交的合同工程交工验收申请。重点审查：合同约定的各项内容的完成情况；施工自检结果；各项资料的完整性；工程数量核对情况；工程现场清理情况等。

17. **答案**：ABD

解析：《公路工程施工监理招标投标管理办法》（交通部令 2006 年第 5 号）第 8 条规定，进行施工监理招标的公路工程项目，应当具备下列条件：

（1）初步设计文件应当履行审批手续的，已经批准；

（2）建设资金已经落实；

（3）项目法人或者承担项目管理的机构已经依法成立。

18. **答案**：ABCD

解析：分项工程开工申请应包括如下内容：（1）分项工程概况；（2）施工方案及主要工艺；（3）质量保证、安全技术和环境保护措施；（4）进度计划；（5）质量控制指标及试验检测项目、频率和方法；（6）施工组织、管理人员及施工人员的配备；（7）施工人员、材料、机械设备等进场情况；（8）测量放线成果。

19. **答案**：ABCD

解析：建立工程项目监理机构的步骤：（1）确定工程监理目标。（2）确定监理工作内容。（3）进行监理机构的组织结构设计，包括：①确定监理机构的组织结构模式；②确定管理层次和管理跨度；③设置监理机构中各职能部门；④制定岗位职责与考核要求；⑤配备监理人员。（4）制定监理工作流程，包括：①管理工作流程；②信息处理工作流程。

20. **答案**：ABDE

解析：公路机电工程监理的内容和公路土建工程监理基本相同，在施工阶段只是增加了厂检、应用软件开发监理和审批系统测试大纲等内容。另外，在完工验收（相当于交工验收）结束后，增加了试运行阶段监理。

三、判断题（下列每题列出一个可能的事实，通过审题给出该事实是正确还是错误的判断，每题1分，共10分）

1. **答案**：×

解析：评价监理单位为建设单位所提供的监理服务质量的高低，最终要看监理单位是否严格按合同实施监理，而不是看工程质量的好坏，因为，工程质量的好坏不完全取决于监理工作。

2. **答案**：×

解析：一级监理机构就是在组建项目监理机构时只设置项目总监理工程师办公室。

3. **答案**：×

解析：由《公路工程施工监理规范》（2006年版）第2.0.8条可知，监理计划是由总监理工程师主持编制、在监理合同期内开展监理工作的指导性文件。

4. **答案**：×

解析：监理工程师对施工单位申请使用的商品混凝土或商品混合料配合比进行审查，一般只对其具有出厂合格证的商品混合料进行复核性试验。不再对其原材料进行检查和试验。

5. **答案**：×

解析：根据《公路工程质量检验评定标准》（土建工程）（JTG F80/1—2004）规定，工程质量评定等级分为合格与不合格，应按分项工程、分部工程、单位工程、合同段、建设项目逐级进行评定。

6. **答案**：×

解析：时间坐标网络计划图是用箭线的长短表示工作的持续时间。单代号网络图中的工作是用节点表示的，工作的持续时间是直接在节点中标注的。因此，单代号网络计划图是不能绘制成时间坐标网络计划图的。

7. **答案**：√

解析：当实际进度滞后于计划进度时就需要对工程进度进行调整。由于关键线路的总持续时间决定了总工期，而且关键线路中任何一项工作的延误必然会导致工期的延误。因此，调整工程进度计划，主要是调整关键线路上的施工安排。

8. **答案**：×

解析：为了简化计算手续，冬季施工增加费采用全年平均摊销的方法，即不论是否在冬季施工，均按规定的取费标准计取冬季施工增加费。

9. **答案**：×

解析：工程变更通常伴随工程数量的改变，但工程数量的改变并不意味着一定有工程变更的发生。例如，施工过程中，经常出现实际工程量与工程量清单中的估算工程量不一致现象，如果设计图纸不发生修改，则这种现象完全是由于估算误差造成的，这时的工程量增减并不属于工程变更的范围。

10. **答案**：√

解析：《公路工程施工监理规范》（2006 年版）第 6.0.5 项规定，缺陷责任期内监理的主要工作内容包括：（1）检查施工单位剩余工程的实施情况；（2）巡视检查已完工程；（3）记录发生的工程缺陷，指示施工单位进行缺陷的修复；（4）对完成的剩余工程及修复的工程缺陷进行检查验收；（5）调查、确认工程缺陷发生的原因、责任及修复费用；（6）督促施工单位按合同规定完成竣工资料。

四、综合分析题（本题共 2 小题，每题 15 分，共 30 分）

1. **答案**：

（1）该承包人中标价中计列的安全生产费用不满足规定要求。

因为，《公路水运工程安全生产监督管理办法》规定，施工单位在工程报价中应当包含安全生产费用，一般不得低于投标价的 1%，且不得作为竞争性报价。

因此，该承包人中标价中计列的安全生产费用应当为：

200 000 000 ×1% =2 000 000（元）=200（万元）。

（2）该承包人安排的专职安全生产管理人员不满足规定要求。

因为，《公路水运工程安全生产监督管理办法》规定，施工现场应当按照每 5000 万元施工合同额配备 1 名的比例配备专职安全生产管理人员，不足 5000 万元的至少配备 1 名。

因此，该承包人安排的专职安全生产管理人员的数量应当为：

（200 000 000/50 000 000）×1 =4（人）。

（3）该项目中，应当编制专项施工方案的工程有：

路基工程中：高边坡处理工程，爆破工程。

桥梁工程中：桩基础工程施工，预应力混凝土T梁、柱式墩等施工。

隧道工程中：不良地质地段隧道施工。

2. **答案：**

（1）不妥。驻地监理工程师应签发分项工程暂停令。

（2）妥当。

（3）不妥。分部分项工程交工验收时，如生产安全事故的现场处理未完成，不得签发中间交工证书。

（4）不妥。如果工程量的增减是由于实际完成工程量超过或少于工程量清单中的数量而并非监理工程师指令的结果，则这类增减不构成变更，也就不需要监理工程师下达变更指令。